北京大學圖書館藏 "大倉文庫" 書志

北京大學圖書館 編

（四）

中華書局

集部

（續）

南澗甲乙稿二十二卷拾遺一卷

清乾隆四十六年(1781)武英殿聚珍本

DC0245二函十二册

宋韓元吉撰。

韓元吉(1118—1187),字無咎,號南澗,開封雍邱人,寓居信州上饒。官至吏部尚書,封潁川郡公。

書高26.9釐米,寬15.9釐米。版框高19.2釐米,寬12.5釐米。每半葉九行,行二十一字,小字雙行,字數同。白口,單黑魚尾,四周雙邊。魚尾上方記"南澗甲乙稿",魚尾下方記卷次及葉次。版心下背面記校者姓名。目録題名下印"武英殿聚珍版"。

卷一首葉第一行題"南澗甲乙稿卷一",第二行題"宋韓元吉撰",第三行起正文。

書首有乾隆甲午"御製題武英殿聚珍版十韻有序","南澗甲乙稿目録",目録後有乾隆四十六年紀昀等校上案語。

書中鈐"聽雨樓查氏有圻珍賞圖書"、"大倉文化財團藏書"朱印。

南澗甲乙稿卷一

宋　韓　元　吉　撰

賦

萬象亭賦有序案集中葉少保詩注云公在閩中
作萬象亭某為之賦則此題應有亭字
原本脫去
今據補

紹興十有三年石林先生自芽康留鑰移帥長
樂惟公以文章道學伯天下推其緒餘見于政
事時閩人歲饑餘盜且擾曾未易歲既懷且威
倉稟溪羸野無爨烟民飽而歌乃闢府治燕寢

渭南文集五十二卷

明正德八年（1513）梁喬刻本
DC0247一函九册

宋陸游著。

陸游（1125—1210），字務觀，號放翁，越州山陰人。孝宗時賜進士出身，官至寶章閣待制，封渭南伯。

書高28.2釐米，寬17.7釐米。版框高23.4釐米，寬15.3釐米。每半葉十行，行二十至二十二字。白口，三黑魚尾，四周雙邊。上魚尾下方記卷次，下兩對魚尾間記葉次。

卷一首葉第一行題"渭南文集卷第一"，第二行題"山陰陸游務觀著"，第三行起正文。

書末有正德八年梁喬撰"渭南文集後序"。

書中鈐"大倉文化財團藏書"朱印。

渭南文集卷第一

山陰陸游務觀著

表

天申節賀表

化國之日舒以長運啓千齡之盛天子有父尊之至
心均萬寓之驩敢即昌期虔申壽祝中賀恭惟
太
上皇帝陛下宅心清靜受命溥將協氣熏爲太平華
夷街莫報之德孫謀以燕翼子宗社後無疆之休誕
敷錫於下民丕靈承于上帝臣方馳使傳阻綴朝班
望聆秦於雲霄敢恨微蹤之遠被頌聲於金石尚希

誠齋集一百三十三卷目録四卷

日本元禄鈔本

DC0246四十三册

宋楊萬里撰。

楊萬里（1127—1206），字廷秀，號誠齋，吉州吉水人。紹興二十四年進士，歷任國子博士、太常博士，太常丞兼吏部右侍郎，提舉廣東常平茶鹽公事，廣東提點刑獄，吏部員外郎等。

書高26.8釐米，寬18.2釐米。無行欄。每半葉十行，行十六字。

卷一首葉第一行題 "誠齋集卷第一"，第二行題 "廬陵楊萬里廷秀"，第三行起正文。

書末有端平元年煒叔跋。

書衣背面題 "影宋足本楊誠齋集一百三十三卷/島田翰奉贈/授經先生以爲他日券"。書末有丙午島田翰題記。書中鈐 "島田翰讀書記"、"大倉文化財團藏書" 朱印。

書内存島田翰至董康信札一紙連封。

案語：據宋端平刻本鈔。

誠齋集卷第一

　　　　　　　　　　　盧陵楊万里廷秀

詩

江湖集

壬午初秋贈寫真陳生

居士一丘壑、深衣折角巾、誰曾令手見、忽謾寫吾真、
更不游方外、於何頓若人、呼兒一笑看、下筆可能親

和蕭別官東夫韻寄之

湘江曉月照離裾、自送車塵至欲晡、歸路新詩合千
首、幾時東興更三吾、眼邊俗物只添睡、別後故人何

晦庵先生朱文公文集一百卷續集五卷別集七卷目錄二卷

清康熙二十六年至二十八年（1687—1689）臧眉錫蔡方炳刻本
DC0717六函四十八册

宋朱熹撰。

書高25.6釐米，寬17釐米。版框高19.8釐米，寬14.7釐米。每半葉十二行，行二十四字，小字雙行，字數同。雙黑魚尾，下黑口，四周單邊。上魚尾上方記"朱子大全"，兩魚尾間記子目及卷次，下魚尾下方記葉次。

卷一首葉第一行題"晦庵先生朱文公文集卷第一"，第二、三行題"後學浙西臧眉錫喟亭/平江蔡方炳息關訂定"，第四至六行題"蔡泰嘉幼淳/蔡元翼右宣校/臧長源鄰侯"，第七行起正文。

書首有康熙戊辰臧眉錫序，蔡方炳"新刻朱子大全文集書後"，嘉靖壬辰蘇信"重刊晦庵先生文集原序"，成化十九年黃仲昭"書晦庵先生文集後"，嘉靖壬辰潘潢"書晦庵先生文集後"，咸淳元年黃鏞"朱子別集原序"，"朱徽國公家廟真像"及朱熹自題詩一首。

書中鈐"大倉文化財團藏書"朱印。

案語：此書裝訂順序有誤，卷四錯裝到卷八前。

晦庵先生朱文公文集卷第一

後學

浙西臧眉錫冑亭

平江蔡方炳息關　訂定

蔡泰嘉幼淳

蔡元翼右宣　校

臧長源鄴侯

賦

白鹿洞賦

白鹿洞賦者洞主晦翁之所作也翁既復作書院洞中又賦其
事以示學者其詞曰
承后皇之嘉惠宅廬阜之南疆閟原田之告病惕農扈之非良
粵冬孟之旣望夙余駕乎山之塘徑北原以東騖陟李氏之崇

攻媿集一百一十二卷

清乾隆四十五年(1780)武英殿聚珍本

DC0248一函二十二册

宋樓鑰撰。

樓鑰(1137—1213),字大防,號攻媿主人,宋明州鄞縣人。隆興元年進士,官至參知政事。諡宣獻。

書高27.8釐米,寬16.7釐米。版框高19.2釐米,寬12.7釐米。每半葉九行,行二十一字。白口,單黑魚尾,四周雙邊。魚尾上方記"攻媿集",魚尾下方記卷次,版心下方記葉次,下書口背面記校者姓名。目録題名下印"武英殿聚珍版"。

卷一首葉第一行題"攻媿集卷一",第二行題"宋樓鑰撰",第三行起正文。

書首有乾隆甲午仲夏"御製題武英殿聚珍版十韻有序","攻媿集目録",目録後有乾隆四十五年紀昀等校上案語,眞德秀"攻媿集原序"。

卷九十一至九十四,卷九十九至一百八用同版印本配。

紀昀等案語後有同治八年徐時棟墨書題記,鈐"柳泉"朱印。書中鈐"城西草堂"、"甬上"、"弗學不知其善"、"柳泉書畫"、"徐時棟印"、"大倉文化財團藏書"朱印。

攻媿集卷一

古體詩

攻媿齋

宋 樓 鑰 撰

余以攻媿名齋俞致翁惠書謂若無媿可攻者
讀之悚然不敢當以詩謝之
聖賢不得見道散固已久學者多自賢鮮肯事師友顧
冥聲利中悔吝皆自取動言無媿怍未知果然否寡過
云未能先聖欣善誘藥稟稟孟氏言幾希異禽獸參乎病

止堂集十八卷

清乾隆四十一年(1776)武英殿聚珍本
DC0256一函四册

宋彭龜年撰。

彭龜年(1142—1206),字子壽,號止堂,清江人。乾道五年進士,歷官煥章閣待制、知江陵府,遷湖北安撫使。卒謚忠肅。

書高26.8釐米,寬16.6釐米。版框高19.3釐米,寬12.7釐米。每半葉九行,行二十一字,小字雙行,字數同。白口,單黑魚尾,四周雙邊。魚尾上方記"止堂集",魚尾下方記卷次,版心下方記葉次,下書口背面記校者姓名。目錄題名下印"武英殿聚珍版"。

卷一首葉第一行題"止堂集卷一",第二行題"宋彭龜年撰",第三行起正文。

書首有乾隆甲午"御製題武英殿聚珍版十韻有序","止堂集目錄",目錄後有乾隆四十一年陸錫熊等校上案語。

書根墨書"止堂集"及册次。書中鈐"老鋨"、"大倉文化財團藏書"朱印。

正堂集卷一

宋　彭龜年　撰

奏疏

乞留侍御史劉光祖疏 紹熙元年四月上 附為太學士

臣等備數學官素餐無補事有職守不敢越思惟念國

家開設學校所以涵養天下公議之原而臣等謹以謀

試文藝苟求塞責誠不足仰稱明旨日夕憂懼不知所

為適有一事偶關士氣之消長臣等儻顧出位小嫌緘

默自愛揆之初心實所不忍臣等伏見殿中侍御史劉

龍川先生文集三十卷附録一卷

明嘉靖史朝富刻本

DC0250二函十二冊

宋陳亮撰。

書高33.2釐米,寬20釐米。版框高19.6釐米,寬14.1釐米。每半葉十行,行二十二字。白口,單黑魚尾,左右雙邊。魚尾上方題"龍川文集",下方記卷次、葉次,下書口記刻工名。

卷一首葉第一行題"龍川先生文集卷之一",第二行題"晉江後學史朝富編刻",第三行題"惠安後學徐鑑校正",第四行起正文。

書首有嘉泰甲子年龍泉葉適撰"龍川文集序",紹熙四年七月"建康軍節度判官陳亮誥","龍川先生像"及自贊,"龍川先生文集目録"。

闕附録。

書中鈐"西谿陸仲子珍藏印"、"大倉文化財團藏書"朱印。

龍川先生文集卷之一

晉江後學史朝富編刻

惠安後學徐　鑑校正

書疏

上　孝宗皇帝第一書

臣竊惟中國天地之正氣也天命之所鍾也人心之所會
也衣冠禮樂之所萃也百代帝王之所以相承也豈天地
之外夷狄邪氣之所可奸哉不幸而奸之至於挈中國衣
冠禮樂而寓之偏方雖天命人心猶有所繫然豈以是為
可久安而無事也使其君臣上下尚一朝之安而息心於

淳熙稿二十卷

清乾隆武英殿聚珍本

DC0255一函八册

宋趙蕃撰。

趙蕃（1143—1229），字昌父，號章泉，原籍鄭州，僑居玉山。理宗紹定二年以秘閣致仕。卒諡文節。

書高27.6釐米，寬17.1釐米。版框高19.1釐米，寬12.6釐米。每半葉九行，行二十一字，小字雙行，字數同。白口，單黑魚尾，四周雙邊。魚尾上方記"淳熙稿"，魚尾下記卷次，版心下方記葉次。

卷一首葉第一行題"淳熙稿卷一"，第二行題"宋趙蕃撰"，第三行起正文。

書中鈐"臣王韜印"、"逸史氏"、"葉名端字永莊一字章甫別字正庭行一"、"□粵新會潮連良溪堡北坎人"、"大倉文化財團藏書"朱印。

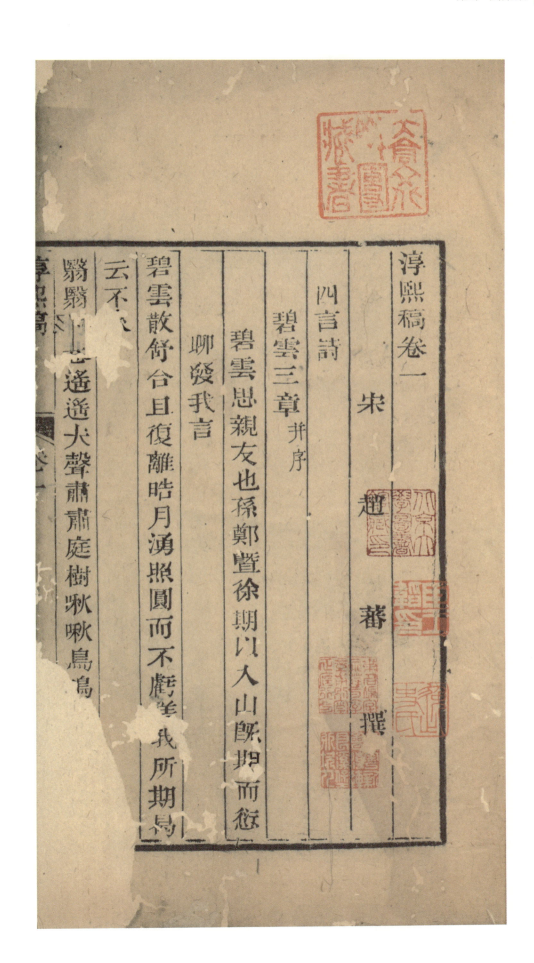

淳熙稿卷一

宋　趙蕃　撰

四言詩

碧雲三章 并序

碧雲思親友也孫鄭暨徐期以入山旣期而後

聊發我言

碧雲散舒合且復離皓月湧照圓而不虧筆我所期焉

云不之

翳翳□□遙遙犬聲蕭蕭庭樹啾啾鳥鳥

淳熙稿

卷一

白石道人詩集不分卷

日本活字本

DC0718一册

宋姜夔撰。

姜夔（1154—1221），字堯章，號白石道人，饒州鄱陽人。屢試不第，終生未仕。

書高27釐米，寬19.2釐米。版框高19.5釐米，寬15.4釐米。每半葉十行，行二十一字，小字雙行，字數同。白口，單黑魚尾，左右雙邊。版心下記葉次。書内封鐫"白石道人詩集"，鈐"妙自在菴活版"朱印。

卷端首葉第一行題"白石道人詩集"，第二行題"番陽姜夔堯章"，第三行起正文。

書首有"白石道人詩集敘"及"又序"。

書中鈐"大倉文化財團藏書"朱印。

白石道人詩集

番陽姜夔堯章

以長歌意無極好爲老夫聽爲韻奉別沔鄂親
友

滔滔沔鄂間、有觀三宿桑持鉢了白日、事賤先蛞蜳念

當去石友煙席凌江湘、爲君試歌商歌、短意則長

佳人魯山下、謂楊大昌正之日弄清漢波、促絃調寶瑟哀思感

人多咥哇秦缶擊、冷落郢客歌知音良不易、如此粲者

何、

英英白龍孫、鄭仁皐次皐眉目古人氣拮据營數椽下簾草

毅齋詩集別録一卷

清鮑氏知不足齋鈔本
DC0249合二册一函

宋徐僑撰。

徐僑（1160—1237），字崇甫，號毅齋，婺州義烏人。淳熙十四年進士，官至侍講，以寶漠閣待制致仕。諡文清。

書高28.9釐米，寬17.9釐米。版框高18.1釐米，寬13.1釐米。每半葉九行，行十八字。細黑口，左右雙邊。版心中部記 "毅齋集"，下方記葉次。

卷端第一行題 "毅齋詩集別録"，第二行題 "婺女徐僑崇父"，第三行起正文。

書首有正德辛未徐興 "毅齋詩集別録序"，目録。

徐興序後有同治己巳徐時棟墨書題記，鈐 "柳泉" 朱印。目録有徐時棟墨書題記，鈐 "徐時棟印" 朱印。書中鈐 "知不足齋鈔傳秘册"、"城西草堂"、"徐時棟秘笈印"、"柳泉書畫"、"毗陵董氏誦芬室收藏舊槧精鈔書籍之印"、"廣川書庫"、"大倉文化財團藏書" 朱印。

案語：與DC0230《溪堂集》、DC0232《謝幼槃文集》、DC0259《耕閒集》及DC0265《古梅吟稿》合鈔。與《耕閒集》合一册，與《古梅吟稿》合函。

毅齋詩集別錄

婺女　徐僑　崇父

雲山歌

雲山窈兮風微山徑綠兮雲依蘭馨兮晨晞松

摎兮夕暉有禽消搖其間兮不去俯啄兮藪薇

昂吟兮綠筍枝春與羆騰兮秋鷺與啼希鸞鵠

兮志亦幾絕樊弋兮隨所棲空碧臨兮山四

圍泉咽兮流以時寧易地兮頲若箕與世相

忘兮幽人期山雖高兮步坦夷雲雖深兮光陸

石屏詩集十卷東皋子詩一卷

明弘治十一年（1498）宋鑑刻本

DC0251一函五册

宋戴復古撰。

戴復古（1167—？），字式之，號石屏，黃岩人。一生不仕。

書高26.8釐米，寬16釐米。版框高19.5釐米，寬12.5釐米。每半葉九行，行十九字。上下大黑口，雙黑魚尾，四周雙邊。上魚尾下記"石屏詩集"及卷次，下魚尾下記葉次。

卷一首葉第一行題"石屏詩集卷第一"，第二行起正文。

書首有至正戊戌"重刊石屏先生詩叙"，紹定二年趙汝騰"石屏詩序"，淳祐三年吳子良"石屏詩後集序"，嘉定三年樓鑰序，淳佑壬寅包恢序，端平甲午趙以夫序，甲申趙汝談序，嘉定甲戌眞德秀序，端平甲午王埜子序，倪祖義序，紹定六年姚鏞序，嘉定七年鞏豐序，楊汝明序，魯極撰詩卷後，以及月州李賈、豫章李義山、方里趙希邁、無逸林璧詩序，嘉定癸未、紹定壬辰戴復古自序，戴敏"東皋子詩"一卷，"石屏詩集目錄"。

前序末有嘉慶七年鮑正言補錄"書戴式之詩卷"。

卷一至卷八為戴復古詩詞，卷九附錄戴復古之從孫戴東埜詩，卷十附錄戴復古兄及諸孫詩作。

書中鈐"鮑正言印"、"慎齋"、"煥章"、"采雲農"、"大倉文化財團藏書"朱印。

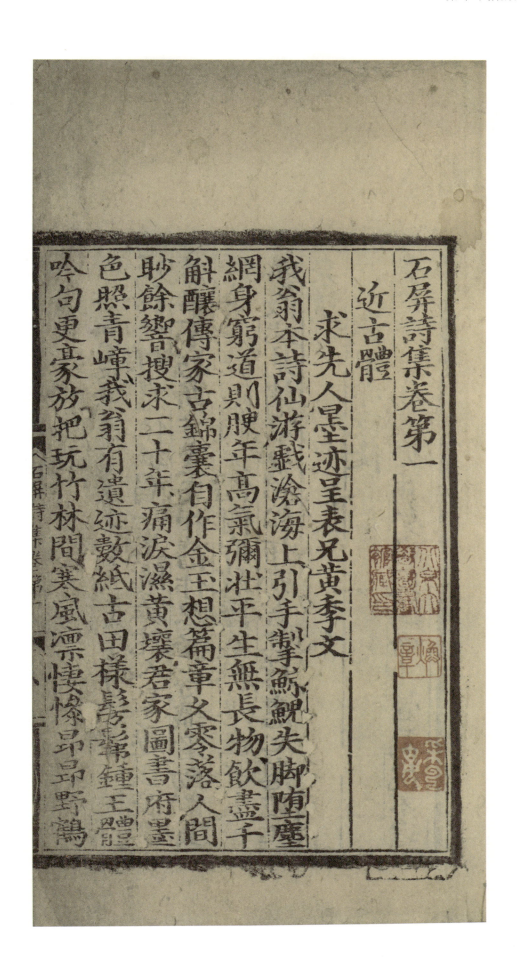

石屏詩集卷第一

近古體

求先人墨迹呈表兄黄季文

我翁本詩仙游戲滄海上引手掣鯨失腳墮塵
網身窮道則腴年高氣彌壯平生無長物飲盡千
斛釀傳家古錦囊自作金玉想篇章文零落入人間
眇餘響搜求二十年痛淚濕黄壤君家圖書府墨
色照青嶂我翁有遺迹數紙古田樣髮彷彿鍾王體
吟句更宜家放把玩竹林間寒風凜懐慷印印野鶴

翠微南征録十卷卷首一卷

清康熙三十年（1691）郎遂刻本
DC0252一函一册

宋華岳著。

華岳，生卒年不詳，字子西，別號翠微，貴池人。嘉定十年武科第一，為殿前司官屬。謀去丞相史彌遠，事覺下獄，杖死東市。

書高24.8釐米，16.1釐米。版框高19.9釐米，寬14釐米。每半葉十一行，行二十二字。上下黑口，雙黑魚尾，四周雙邊。上魚尾下記"翠微南征録"及卷次、類目，下魚尾上方記葉次。

卷一首葉第一行題"翠微南征録卷之一"，第二、三行題"宋華岳著同里後學郎遂編次/王爾綱較閲"，第四行起正文。

書首有郎遂序，吳非序，"翠微南征録凡例"，"宋史本傳"，"上寧宗皇帝諫北伐書"，劉廷鑾"華狀元里宅記"，吳非"池州書畫記"，元楊載"題華岳江城圖"，明佘翹"華子西論"，"翠微南征録目次"。書末有江表跋。

書中鈐"翰林院印"（滿漢文）、"安定胡氏留白軒藏書"、"篤生經眼"、"曾在鮑以文處"、"鮑以文藏書記"、"重修東觀帝王書"、"大倉文化財團藏書"朱印。書衣鈐"乾隆三十八年十一月浙江巡撫三寶送到鮑士恭家藏/翠微南征録壹部/計書壹本"朱戳。

案語：《四庫全書》收録此書，據《四庫全書總目》"卷一百六十二·集部十五·別集類十五"其底本為編修汪如藻家藏本。

翠微南征錄卷之一

宋　華岳　著

同里後學　郎　　逐編次

王　爾綱　較閱

五言古

賀趙可夬法曹

紅日轉簷嚶飛鳴　一聲離離翅未離簷　有客拽鈴索呼童

急啓戶問客意何若　客聞笑而言法曹參計鑰因知雛之末

鳴報我良不惡　知我門下人一揵珊相托如公材器大末

掾豈能縛尺尺　蓬萊宮左右芙蓉幕直入鳳凰池夒上麒

麟閣賤子無所需願似揚州鶴

寄藥敬甫

亞愚江浙紀行集句詩七卷

清初小山堂鈔本
DC0261一册

宋釋紹嵩撰。

書高26.4釐米, 寬17.2釐米。框高21.1釐米, 寬15.1釐米。每半葉十行, 行十八字。白口, 單黑魚尾, 四周單邊。魚尾下記 "亞愚集句" 及卷次, 下記葉次。版框外左下刻 "小山堂鈔本"。

卷一首葉第一行題 "亞愚江浙紀行集句詩卷之一", 第二行題 "廬陵沙門紹嵩", 第三行起正文。

書首有釋紹嵩 "亞愚江浙紀行集句詩序"。卷九末葉題 "嘉熙改元丁酉良月/師孫奉直命工刊行"。書末有紹定四年陳應申跋。

書根墨題 "亞愚集句"。書衣鈐 "四庫未收本/巴陵方氏珍藏" 朱印記。書中鈐 "臣璐私印"、"半查"、"石研齋秦氏印"、"秦伯敦父"、"南齋讀書處"、"巴陵方氏碧琳瑯館珍藏秘籈"、"巴陵方氏功惠柳橋甫印"、"大倉文化財團藏書" 朱印。

亞愚江浙紀行集句詩卷之一

廬陵沙門紹嵩

發長沙

秋入長沙縣無人畫得成晚風輕浪叠落日亂

蛩鳴一雨洗煩暑千山指去塵回期誰可定行

郎士元　方千韋莊　希畫　修睦　誠齋

樂且吾生　巽中　祖可

舟發清江

穩汎一舟束生涯真轉蓬烟浮平野碧波軟夕

陽紅浦樹家家異風光處處同回看蒼木杪眼

李子西　王大受

界入雲中　晚堂　張耒　晚瑩　鄭工部

陳瓘　張耒

字溪集十二卷

清乾隆四庫館臣寫本
DC0254一函八册

宋陽枋撰。

陽枋（1187—1267），字正父，原名昌朝，字宗驥，合州巴川人，居字溪小龍潭之上，因號字溪。淳祐元年進士，官至朝奉大夫。

書高30.3釐米，寬18.2釐米。版框高22.8釐米，寬15.3釐米。每半葉八行，行二十一字。白口，單朱魚尾，四周雙邊，朱欄。魚尾上記"欽定四庫全書"，魚尾下記"字溪集"，背面記卷次，版心下方記葉次。

卷一首葉第一行題"欽定四庫全書"，第二行題"字溪集卷一/宋陽枋撰"，第三行起正文。

卷十二初題"字溪集卷十二"，墨筆修改為"字溪集附録"，存八十二葉，不到尾。

書中有四庫館臣墨筆校改。卷六首葉有四庫館臣書"款式"一紙。

函套書籤墨題"四庫抄本字溪集"。書中鈐"翰林院印"（滿漢文）、"溫陵黄氏藏書"、"篤生經眼"、"大倉文化財團藏書"朱印。

欽定四庫全書

○字溪集卷一

表

宋 陽枋 撰

冬至表代安撫廬州潛

開於子生於子機潛起於黃鍾至於南盛於南運黙扶

於紫盖仰一人之有慶宜萬邦之作孚坤謝恭惟皇帝

陛下神化密移天行一息莫能消長聽陰終陽始之屈

伸弗圍盈虛任月窟天根之然往德惟純而不已福茂

中謝二字
並寫小字

欽定四庫全書

字溪集

一

後村先生大全集一百九十六卷

清劉燕庭嘉蔭簃鈔本

DC0257十三冊

宋劉克莊撰。

劉克莊(1187—1269),字潛夫,號後村,福建莆田人。官至龍圖閣學士。

書高28釐米,寬17.8釐米。版框高21釐米,寬13.8釐米。藍格。每半葉十行,行二十字,小字雙行,字數同。版心下口藍印"嘉蔭簃",版框外左下印有"東武劉燕庭氏校鈔"。無葉次。

卷一首葉第一行題"後村先生大全集卷之一",第二起正文。

闕卷十至二十九、八十至八十九、一百零八至一百二十五、一百五十五至一百六十五、一百八十五至一百九十六。

書中鈐"大倉文化財團藏書"朱印。

後村先生大全集卷之一

詩
公少作幾千首嘉定已卯自江上奉祠歸故篋盡焚之僅存百首是為南嶽舊藁

郭璞墓

先生精數學卜穴未應疎因捋虎鬚死還尋魚腹居如何師鬼谷却去友靈胥此理憑誰詰人方寶葬書

魏大武廟

市尚有佛狸祠狸俗傳來久行人信復疑亂鴉爭祭處萬馬飲江時意氣今安在城笳暮更悲

徐孺子墓

今曉安墳意梅仙舊屐傍醖成龍不至羅設鳳高翔

嘉蒶錄

魯齋王文憲公文集二十卷

清鈔本

DC0258一函四册

宋王柏撰。

王柏（1197—1274），字會之，號長嘯、魯齋，婺州金華人。嘗講學麗澤、上蔡等書院。卒諡文憲。

書高26.9釐米，寬17.3釐米。每半葉十三行，行二十五字。版心中記"魯齋集"及卷次，下口記葉次，多卷版心無字。

卷一首葉第一行題"魯齋王文憲公文集卷之一"，第二行題"廬陵銅溪劉同編輯"，第三行題"鄱陽三臺劉傑校正"，第四行起正文。

書首有正統八年楊溥"王文憲公集序"，"魯齋王文憲公文集目録"。書末有正統癸亥劉同識語。

書中鈐"冬涵閱過"、"李氏藏書"、"聽雨樓查氏有圻珍賞圖書"、"大倉文化財團藏書"朱印。

魯齋王文憲公文集卷之一

廬陵銅溪劉同編輯
鄱陽三臺劉傑校正

賦

宋文書院賦

蔡子明講於鵝湖用文公白鹿洞賦韻示學者以墨本見寄因用韻和之

繁奎躔文教於無壃涵景朝之樂有莘于慶曆元祐之忠良雖陽九之震蕩復玉氣於錢唐鳳鳥有時而號書鳳終之遺芳因宏規而恢拓立郡縣之黌庠發天地之清淑導濂洛之翩於桐岡抑理大之矢謀達此道於八荒錫書堂之四號揭儒隱洋洋自龜山之復南開太宗之世運繹分珠之一語極精析而莫渾彼憑虛而夸毗忌所蘇之難遁盛哉乾浮之大儒四合朋簪而辨問有昧性質之異同惡此知行之並進蓋入德之有序孰先傳

秋崖先生小藁詩集三十八卷文四十五卷

明嘉靖五年（1526）祁門方氏刻嘉靖二十一年（1542）補刻本
DC0260十六册

宋方岳撰。

方岳（1199—1262），字巨山，號秋崖，新安祁門人。曾為文學掌教，後任袁州太守，官至吏部侍郎。

書高25.3釐米，寬15.6釐米。詩集版框高17.7釐米，寬12.6釐米。每半葉十一行，行十九字。上下細黑口，雙黑魚尾，四周單邊。上魚尾下記卷次，下魚尾下記葉次，版心下記刻工。文集版框高18.3釐米，寬12.6釐米。每半葉十二行，行二十字。上下細黑口，雙黑魚尾，四周單邊。上魚尾下記類目，下魚尾下記葉次，版心下記刻工。

卷一首葉第一行題 "秋崖先生小藁卷之一"，第二行題 "方岳巨山"，第三行起正文。

書首有嘉靖六年李中 "秋崖小稿序"，嘉靖丙戌方謙 "秋崖先生集序"，"秋崖先生小藁詩集目録"。書末有嘉靖二十一年章澤 "秋崖方先生小稿跋"。

詩集卷十六第七葉、卷十七第一葉鈔補。

書中鈐 "李國瑞印"、"春風草堂"、"毗陵董氏誦芬室收藏舊槧精鈔書籍之印"、"董康私印"、"大倉文化財團藏書" 朱印。

秋崖先生小藁卷之一

　　　　方岳

五言絕句

山居十六詠

入山林處

窮塗一何慟多歧一何泣指似世間人路頭從此

入

　幽谷

入林不厭深避世不厭獨倦飛鳥知還毋憚下喬

木

　便是山

蒙川先生遺稿十卷

清初一字齋鈔本

DC0264一册

宋劉黻撰。

劉黻(1217—1276),字聲伯,號質翁,樂清人。淳祐初,以試入太學,累官至吏部尚書。卒諡忠肅。

書高26.8釐米,寬17.3釐米。每半葉十行,行二十字,小字雙行,字數同。版心上方記"蒙川集"及葉次。

卷一首葉第一行題"蒙川先生遺稿一卷",第二行題"弟山中劉應奎成伯校正",第三行題"後學阮存畔編次",第四題起正文。

書首有大德歲上元日劉應奎"蒙川先生遺稿序",序題名下題"一字齋主人照依元抄手錄",鄭滁孫撰"朝陽閣記","蒙川先生遺稿目錄"。

卷九"賈鎔鏡墓志銘"後闕,題"以下蠹蝕不能錄俟有他本以待後日一字齋記"。卷十僅存數十字。

書根墨題"蒙川遺稿"。書中鈐"啟淑信印"、"新安汪氏"、"白堤萃石齋藏書"、"大倉文化財團藏書"朱印。

蒙川先生遺稿一卷

弟山中劉應奎成伯校正
後學阮存蕚存邨編次

古詩上

太王洞聽琴

無絃不成聲有絃多失真聲在何所和陶方寸春
文操惜已遠孔壇嗟復陳所以桑濮響鄭衛波翫秦
渠知幽谷間迥聞太古淳游魚出塞水鳴鶴橫霜晨
休羨廣陵秘是雅皆怡神

接家書

蒙川集一

耕閒集一卷

清鮑氏知不足齋鈔本
DC0259—函合二册

宋孫銳著。

孫銳（1199—1277），字穎叔，號耕閒，吳江平望人。咸淳十年進士。授廬州僉判。時元兵南侵，憤賈似道誤國，掛冠歸。

書高28.9釐米，寬17.9釐米。版框高18.1釐米，寬13.1釐米。每半葉九行，行十八字。黑口，左右雙邊。版心中部記"耕閒集"，下方記葉次。

卷端第一行題"耕閒集"，第二行題"吳江孫銳穎叔著"，第三行起正文。

書首有至元十八年趙時遠所撰序，"耕閒集目錄"。書末有附錄"皇宋進士耕閒孫先生墓誌銘"，有闕。

書中鈐"城西草堂"、"徐時棟秘笈印"、"柳泉書畫"朱印。

案語：與DC0230《溪堂集》、DC0232《謝幼槃文集》、DC0249《毅齋詩集別錄》及DC0265《古梅吟稿》合鈔。與《毅齋詩集別錄》合一册，與《古梅吟稿》合函。

耕閑集

吳江孫銳穎叔著

雨阻秦溪宿馬拙林下

櫂入江村暮叩門求友生青衫新鹿夢白髮舊

鷗盟卷辟苔痕滑林深鳥舌清共尋物外味溪

上老漁聲

壽楊廣文六十解組南還時署邑蒙事

五載琹堂奏未央烏紗縐綬鬢蒼二三鱣已集

弘農兆五柳仍分彭澤芳廚石一車歸吏部清

古梅吟稿六卷

清鮑氏知不足齋鈔本
DC0265一册合一函

宋吴龍翰著。

吴龍翰（1233—1293），字式賢，號古梅，歙州人。咸淳中貢於鄉，以薦授編校國史院實録院文字。

書高28.9釐米，寬17.9釐米。版框高18.1釐米，寬13.1釐米。每半葉九行，行十八字。黑口，左右雙邊。版心中部記"古梅吟稿"及卷次，下方記葉次。

卷一首葉第一行題"古梅吟稿卷一"，第二行題"宋新安古楳吳龍翰式賢甫著"，第三行題"明族裔吳惟時中立甫校"，第四行起正文。

書首有程元鳳撰"古梅吟稿序"。書末有嘉慶壬申鮑廷博題識。

書中鈐"歙西長塘鮑氏知不足齋藏書印"、"老屋三間賜書萬卷"、"好書堆案轉甘貧"、"毗陵董氏誦芬室收藏舊槧精鈔書籍之印"、"遺稿天留"、"世守陳編之家"、"大倉文化財團藏書"朱印。

案語：與DC0230《溪堂集》、DC0232《謝幼槃文集》、DC0249《毅齋詩集别録》及DC0259《耕閒集》合鈔。與DC0249《毅齋詩集别録》及DC0259《耕閒集》合一函。

古梅吟稿卷一

宋 新安古樸吳龍翰式賢甫著

明 族裔吳惟時中立甫校

曉發姑孰城

雞啼驚夢歌春柁花落迎風打曉窗攜杖攬先出城去

閣聲吹月墮寒江

浙江姚樓觀水月

翠滾玻璃萬頃秋長江又挂水晶逑水光月色梅邊客

今夜會盟江上樓

乙

梅巖胡先生文集十卷

明嘉靖十八年（1539）胡璉刻本

DC0263一函四册

宋胡次焱撰。

胡次焱,字濟鼎,號梅巖,晚號餘學,婺源考水人。宋咸淳四年進士,官至貴池縣尉。

書高24釐米,寬15.7釐米。框高18.1釐米,寬12.8釐米。每半葉十一行,行二十一字。上下細黑口,單線魚尾,四周單邊。魚尾下記"梅巖文集"及卷次,下記葉次。

卷一首葉第一行題"梅巖胡先生文集卷之一",第二行題"族孫胡璉蒐輯",第三行題"後學潘滋校正",第四行上起正文。

書首有嘉靖十年潘滋"梅巖文集序",正德戊辰胡濬"梅巖文集序",梅巖縣尉墓圖,嘉靖壬寅族孫潛齋胡璉"許村梅巖公墓記","梅巖胡先生文集目録"。書末有嘉靖十八年胡璉識語。

書中有四庫館臣李槃等校改。粘校改籤條鈐"分校李槃籤"。

書中鈐"翰林院印"、"一六淵海"、"海陵黄氏藏書"、"大倉文化財團藏書"朱印。

案語:《四庫全書》底本。

梅巖胡先生文集卷之一

族孫　胡璉

後學　潘滋　校正

○
賦

○○
雪梅賦

草遁雪而荄木遇雪而折雪其酷哉梅挺然立雪

貌澤香烈雪雖酷不能加於梅也孟子曰威武不

能屈於梅有焉庚申冬十二月對雪觀梅有慨於

秉鳴呼人不能卓然特立至橫逆之來作兒女態

其視梅得無惡乎乃爲之賦

孔子曰歲寒然後知松栢之後凋也豈獨松栢歟對

心泉學詩稿六卷

清鈔本

DC0262一册

　　宋蒲壽宬撰。

　　蒲壽宬，生卒年不詳。官至梅州知州。宋亡不仕。

　　版框高28.9釐米，寬17.9釐米。每半葉八行，行二十一字。卷首版心上方記"心泉學詩稿"及卷次，下記葉次。

　　卷一首葉第一行題"心泉學詩稿卷一"，第二行題"宋蒲壽宬撰"，第三行起正文。

　　蟲蛀傷字。

　　書中鈐"大倉文化財團藏書"朱印。

心泉學詩稿卷一

宋 蒲壽宬 撰

賦

古賦二首

始余卜於斯丘兮倚白雲而為廬豈其有所使兮爰舍

吾之故居擷秋菊以為糧兮曰寒泉之與斟無饑渴之

富已兮騁予駕其焉如朝飡氣於沆瀣兮夕撫景於望

舒瀉靈泉以為鏡兮結屢……涓為壺流涓涓以不息兮

遺山先生文集四十卷附録一卷

清康熙四十六年（1707）無錫華希閔刻本
DC0266六册

金元好問撰。

元好問（1190—1257），字裕之，號遺山，太原秀容人。金正大元年博學宏詞科，授儒林郎，充國史院編修。官至員外郎。金亡不仕。

書高25.5釐米，寬16.8釐米。版框高18.2釐米，寬14.7釐米。每半葉十一行，行二十字。上下大黑口，雙黑魚尾，左右雙邊。上魚尾下記 "遺山集" 及卷次，下魚尾上記葉次。内封鐫 "元遺山先生文集/劍光閣"。

卷一首葉第一行題 "遺山先生文集卷第一"，第二行題 "無錫後學華希閔重校訂"，第三行起正文。

書首有中統三年李冶 "遺山先生文集序"，徐世隆 "遺山先生文集序"，昭陽大淵獻王鶚 "遺山先生文集後引"，杜仁傑 "遺山先生文集後序"，"遺山先生文集目録"。

書中鈐 "大倉文化財團藏書" 朱印。

遺山先生文集卷第一

無錫後學華希閔重校訂

古賦

秋望賦

步裝回而徙倚放吾目乎高明極天宇之空曠閱歲

律之峥嵘於時積雨收霖景氣肅清秋風蕭條萬籟

俱鳴菊鮮鮮而散花雁杳杳而遺聲下木葉於庭皋

動砧杵於蕪城穿林早寒陰崖晝冥濃澹霏拂繚白

紆青紛叢薄之相依浩霜露之已盈送蓍蓍之落日

山川欝其不平瞻彼輾轅西走漢京虎踞龍蟠王伯

所憑雲煙慘其動色草木起而爲兵望崧少之霞景

虛谷桐江續集四十八卷

清鈔本

DC0267二冊

元方回撰。

方回(1227—1305),字萬里,別號虛穀,徽州歙縣人。宋景定進士,官嚴州知府,降元後官至建德路總管。

書高27.8釐米,寬18釐米。每半葉十行,行二十二字。版心下口記葉次。

卷四首葉第一行題 "虛谷桐江續集卷之四",第二行題 "紫陽方回萬里",第三題起正文。

存卷四至八,卷四十四至四十八。

書中鈐 "大倉文化財團藏書" 朱印。

虛谷桐江續集卷之四　　　　　　　　　　　紫陽方回回萬里

仲夏書事十首

園林夏宜曉葉葉溜晴光此地吾能淨非天獨肯涼汲泉

肴馬飲剗草免蛇藏似亦爲形役終無市井忙

南風吹密樹古屋隱林隈捲畫防梅雨鐫詩惜石苔醫書

鄰叟惜庵記野僧催細省奶微笑猶勝走俗埃

幽居少四鄰長日虆閒人石氣常蒸霧鶯聲不改春子錢

償未已卯酒醉何頻說與耘畦者無錐未是貧

閑身何所事詩外別無心但見獨危坐焉知長苦吟兵戈

一

月屋漫藁不分卷

清康熙十八年（1679）王乃昭鈔本
DC0268二册

元黃庚著。

黃庚，字星甫，號天台山人，天台人。

版框高26.8釐米，寬17.2釐米。每半葉十行，行二十三字。無行欄。卷末題"己未秋七月晦嬾道人録于吳門西城之東籬小築時年七十有二"，鈐"王印慎德"、"乃昭"朱印。

卷一首葉第一行題"月屋漫藁"，第二行題"宋天台山人黃庚著"，第三行起正文。

書首有泰定丁卯黃庚"月屋漫藁序"。

書首有乙未吳焯題記，署"乙未夏五繡谷亭校"，鈐"吳焯"、"繡谷"朱印。

書中鈐"同陸齋珍藏"、"尺鳧"、"繡谷薰習"、"臣焯"、"牆東小爰"、"西泠吳氏"、"願流傳勿損污"、"王慎德印"、"弓昭"、"曾給筆札"、"樂飢"、"衡淑"、"吳焯"、"大倉文化財團藏書"朱印。

月屋漫藁

宋天台山人黃庚著

五言律詩

漁隱為周仲明賦

一笠載春雨扁舟寄此情世間塵網客江上釣絲輕不羨魚蝦利唯尋鷗鷺盟狂奴臺下水獨作漢時清

九日偶書

水國鴈已到山籬菊未開判吹頭上帽莫放酒中杯暮雨滕王閣西風項羽臺人生能幾醉惟恨付蒼苔

秋晚山行

剡源詩文補不分卷

清鈔本

DC0269一册

元戴表元撰。

戴表元（1244—1310），字帥初，一字曾伯，號剡源，慶元奉化剡源人。宋咸淳七年進士，元大德八年，任信州教授；再調婺州，因病辭歸。

書高26.1釐米，寬16.7釐米。每半葉十二行，行二十一字。卷首版心中記 "剡源文集補"，無葉次。

卷一首葉第一行起正文。

書根墨題 "剡源詩文補"。

書中鈐 "大倉文化財團藏書" 朱印。

剡源詩

和王景陽邵立同

王郎快筆郪圻風　邵叟清材越爨桐　覽鏡來譜令我異

開樽聊復故人同　狂歌步月吳天白　醉眼看花湖水紅

似此相逢莫虛擲　諸公元不為詩窮

贈鄉僧

酒錢腳力隨緣有　準擬春光醉幾場

人在他鄉說故鄉　歌後尚堪吳語寫　樽前休笑楚衣狂

湖屋華燈盛絳光　戍樓晴角動青陽　齒從殘歲增新嵗

蒙堂作

客路相逢亦偶然　南屏山下送殘年　青黃桃　春詩後

紅白梅華夜酌前　但許揮犀驚廣坐不　華筵

剡源詩其肯

青山集八卷

清鈔本

DC0270四册

元趙文撰。

趙文（1239—1315），初名鳳之，字惟恭，又字儀可，號青山，廬陵人。

書高27.8釐米，寬18.7釐米。每半葉八行，行二十一字。白口，版心上口記"青山集"及卷次，下記葉次。

卷一首葉第一、二行殘，第三行題"趙文撰"，第四行起正文。卷二首葉第一行題"青山集"，第二行題"卷二"，第三行題"元趙文撰"，第四行起正文。

卷八末葉有四庫館臣吳裕德等校對官名。

卷一第一至十四葉水浸傷字。

書根墨題"青山集"及册次。書中鈐"勞權印"、"平甫"、"蟬隱"、"大倉文化財團藏書"朱印。

案語：據《四庫全書》鈔録。

青山集

卷二

青山集　卷二

序

彭應叔山家大五行論序

元趙文撰

天地之初皆水而已彼其蕩漾凝結而爲山者水之滓
也其曲折其高低要亦出於其勢之偶然而其實一大
島也古之人生且死於其間而已矣而後之人因其高

一

桂隱詩集四卷文集四卷附録一卷

明嘉靖四十二年(1563)劉弅刻本

DC0271一函五册

元劉詵著。

劉詵(1268—1350),字桂翁,號桂隱,廬陵人。

書高25.7釐米,寬18釐米。版框高20.4釐米,寬14.6釐米。每半葉十二行,行二十四字。白口,單黑魚尾,左右雙邊。上魚尾下記"桂隱詩集"及卷次,下記葉次。

卷一首葉第一行題"桂隱詩集卷一",第二行題"元謚文敏桂隱劉詵著",第三行題"元賜進士門人羅如篪顔成子編刊",第四行題"明魯孫三德用敦炌重編",第五行題"族孫方興天健志孔較刊",第六行起正文。

書首有嘉靖癸亥羅洪先"桂隱先生文集序",弘治壬戌劉同升"文敏先生文集序",虞集"桂隱存稿舊敘",歐陽玄"桂隱存稿舊敘",至正元年羅如篪"杜隱詩刻舊跋","桂隱詩集目録"。書末有嘉靖癸亥魯劉三德"恭題重梓桂隱公存稿後",嘉靖癸亥方興跋,嘉靖四十二年劉永新識語。

書中鈐"翰林院印"(滿漢文)、"毗陵董康鑒藏善本"、"大倉文化財團藏書"朱印。原書書衣鈐"乾隆三十九年二月江蘇巡撫薩載送到桂隱集壹部計書捌本"朱印。

案語:《四庫全書》底本。今世存此書僅見《四庫全書》本及清鈔本,又南京圖書館存明末刻本詩集四卷。

桂隱詩集卷一

元　謚文敏桂隱劉 詵 著

元　賜進士門人羅 如筐　顏成子編刊

元　曾孫　三德　用敦　炌　重編

明　族孫　方興　天健　志孔　較刊

古體五言

感興五首

其一

昔在唐虞時　萬象昭白日　聖人垂龍衣　巖殿吹鳳律　朱草聯階
生景星當戶　出群賢布天下　野穀盡嘉實　嗟哉戰國交　九寓淪
斧鑕糟糠委　仁義軒蓋寵　權術孟軻起　驅馳白髮颯　垂軾空餘
七篇書　千載資歎息

松鄉先生文集十卷

清初鈔本
DC0272二册

元任士林著。

任士林（1253—1309），字叔實，號松鄉，奉化人。嘗任安定書院山長。

書高26.3釐米，寬17.5釐米。每半葉九行，行二十字。版心無葉次。

卷一首葉第一行題 "松鄉先生文集卷之一"，第二行題 "句章任士林叔實甫著"，第三行題 "豫章鄒維璉德輝甫校"，第四行上起正文。

書首有泰昌元年鄒鳴雷 "松鄉先生集序"，萬曆乙巳孫能傳 "任松鄉先生文集題辭"，王應麟 "書松鄉先生賦傳二篇後"，士林識語，趙孟頫 "任叔實墓誌銘并序"。

書中有朱筆校。鄒鳴雷序後有同治乙丑徐時棟識語，鈐 "柳泉" 朱印。書中鈐 "秀水朱氏潛采堂圖書"、"朱印彝尊"、"兼牧堂書畫記"、"謙牧堂藏書記"、"徐時棟祕笈印"、"柳泉書畫"、"月湖長"、"大倉文化財團藏書" 朱印。書首粘 "鄞縣志局收到徐柳泉家/任松鄉集抄本一部函/計二本十卷頁/同治七年四月十一日自來/書字第六號" 紙籤，鈐 "鄞縣誌局" 朱印。

松卿先生文集卷之一

句章任士林叔實甫著

豫章鄧維槤德輝甫校

徽州路重修學記

皇帝疆御之初詔天下崇廟奉徽為郡介在江南山
川改修實維文公其生也卿其服也采弎問而鄒魯
存家至而淵鬻集序庠之政宜餝具峯然而使宇闢
漏祀肆初共涂執侵墉藏績克宇省司祇就廣勿邁
固藥德普而昭愧尭哲也大德义年夏四目郡博士

靜修先生文集六卷遺文六卷遺詩六卷拾遺七卷又續集三卷附録二卷

明弘治乙丑(十八年, 1505) 崔嵒刻本

DC0273四册

元劉因著。

劉因(1249—1293), 字夢吉, 號靜修。初名駰, 字夢驥。官承德郎、右贊善大夫。謚文靖, 追封容城郡公。

書高27.5釐米, 寬16.4釐米。版框高22.5釐米, 寬15釐米。每半葉九行, 行二十字。上下大黑口, 雙黑魚尾, 四周雙邊。上黑口記陰文"丁亥集", 上魚尾下記卷次, 下魚尾上記葉次, 偶見上魚尾上方記篇目及卷次。

卷一首葉第一行題"丁亥集卷一", 第二行起正文。

書首有成化己亥年蜀王"靜修劉先生文集序", 至元九年牒及銜名, "靜修先生文集文集總目"。書末有弘治辛酉周旋"重刊劉靜脩先生文集序", 弘治乙丑崔嵒"靜修劉先生文集跋"。

書根墨題"劉靜修全集"。

書中鈐"大倉文化財團藏書"朱印。

丁亥集卷之一

辭

白雲二章

白雲凝情兮佩月光兮露結練兮明幽芳眾星皎皎

芳水波不揚渺兮思之若遇兮取在目而不忘音容

著兮形無方蕭乎中立兮四無旁兮母歸去兮山高

水長

白雲高飛兮杳不可昇兮靈風長往兮聲不在平幽林

皎月東生兮忽西沉玄鶴何逝兮遺之音兮思未及

牧庵集三十六卷附録一卷

清乾隆武英殿聚珍本

DC0277一函八册

元姚燧撰。

姚燧（1238—1313），字端甫，號牧庵，洛西人，原籍營州柳城。官至榮祿大夫、集賢大學士、翰林學士承旨，知制誥兼修國史。

書高28釐米，寬17.6釐米。版框高18.9釐米，寬12.7釐米。每半葉九行，行二十一字，小字雙行，字數同。白口，單黑魚尾，四周雙邊。魚尾上方記 "牧庵集"，下記卷次及葉次。提要題名下印 "武英殿聚珍版"。

卷一首葉第一行題 "牧庵集卷一"，第二行題 "元姚燧撰"，第三行上起正文。

書首有乾隆甲午 "御製題武英殿聚珍版十韻有序"，"牧庵集提要"，鄱陽吳善 "牧庵集序"，張養浩原序，"牧庵集目録"。

書中鈐 "大倉文化財團藏書" 朱印。

牧庵集卷一

元　姚燧　撰

祝冊

加諡祖宗告祀南郊祝文

維至大二年蒼龍己酉冬十月庚戌朔十有九日戊辰

嗣皇帝臣某臣賴上天之祐祖宗之靈得以眇末之躬

託于億兆京垓臣民之上持盈守成凡今三年与至太

廟兩嘗祼將非獨于親立愛臣家庶亦孝治可先天下

而祠官讀祝于太祖室惟曰聖武皇帝睿宗室亦惟曰

楚國文憲公雪樓程先生文集二十四卷附錄一卷年譜一卷

明洪武二十八年（1395）與耕書堂刻本
DC0274十二冊

元程鉅夫撰，程大本輯錄。

程鉅夫（1249—1318），初名文海，號雪樓，又號遠齋，建昌人。官至翰林學士承旨。卒後追封楚國公，諡文憲。

書高23.9釐米，寬15釐米。版框高20.2釐米，寬13.1釐米。每半葉十三行，行二十二字。上下黑口，雙黑魚尾，四周雙邊，偶見左右雙邊。上魚尾下記 "文" 及卷次，下魚尾下記葉次。書首序後鑴小字 "至正癸卯中春雪樓諸孫世京謹錄刊行"。

卷一首葉第一行題 "楚國文憲公雪樓程先生文集卷第一"，第二行題 "奉直大夫祕書監著作郎男大本輯錄"，第三行題 "翰林侍講學士中奉大夫知制誥同修國史同知經筵事門生揭傒斯校正"，第三行起正文。

卷三、四、十五闕首葉，目錄闕第一至四葉，年譜存第一至七葉。目錄第七葉至尾、卷九第十至十二葉、卷二十四為鈔補。有蟲蛀傷字。

書首有至正十四年李好文序，附錄，目錄。

書中鈐 "大倉文化財團藏書" 朱印。

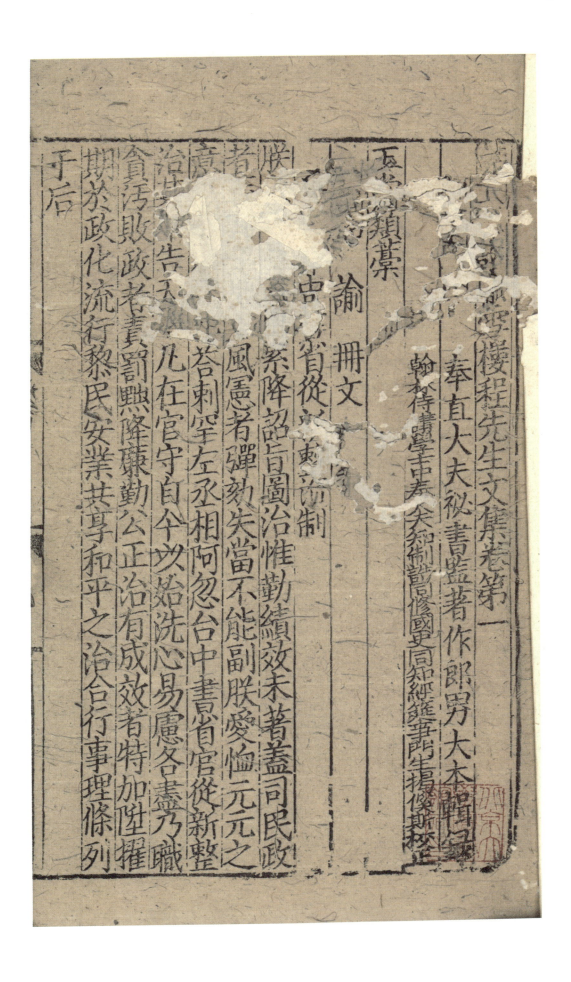

雪樓程先生文集卷第一

奉直大夫祕書監著作郎男大本

翰林待制學士中奉　夫知制誥兼修國史同知經筵事所生揚　　校

類纂

諭

冊文

忠　省從　　制

朕　　　　

者降詔旨圖治惟勤績效未著蓋同民政

風憲者彈劾失當不能副朕憂恤元元之

意　　告　　

咨爾中書左丞相阿忽台中書省官從新整

凡在官守自今以始洗心易慮各盡乃職

貪污敗政者責罰黜降廉勤公正治有成效者特加陞擢

期於政化流行黎民安業其有和平之治合行事理條列

于后

知非堂藁六卷

清鈔本

DC0276一册

元何中著。

何中(1265—1332),字太虚,撫州樂安人。南宋末年登進士第,至順年間為龍興學師。喜藏書,家藏圖籍萬卷。

書高25.4釐米,寬16.4釐米。每半葉十一行,行二十二字。藍格,上下粗藍口,雙藍魚尾,左右雙邊。

卷一首葉第一行題“知非堂藁卷之一”,第二行頂格題“五言古詩”,下空三格題“臨川何中太虚著”,第三行、四行題“後學孫何賤雅言編集/趙郡管時中校正”,第五行起正文。

書首有吳澂“何太虚文集序”,延祐庚申何中自序。

書中鈐“東武李氏收藏”、“禮南校本”、“大倉文化財團藏書”朱印。

知非堂藁卷之一

五言古詩　　　　　　臨川何中太虛著

　　　　　　　　　　後學　孫何賤雅言編集

　　　　　　　　　　趙郡管時中校正

別謝提刑

戊子十一月二十四日拜疊山先生於雙桐驛蓋先
伯見山同丙辰理宗親擢也先生叙舊好言同心焉
明日中賦二詩爲別

巌巌樓觀地寂寂風雨壚可憐零落身萬里投脩途宦窕
千峩省已奉他人娛主恩天問極苟生豈良圖行：重行
行善保千金軀別懷不歇訴頜步復踟蹰

吉永豐鷺溪劉楚奇先生惟實本集四卷外集二卷

清鈔本

DC0287五册

元劉鶚撰。

劉鶚,字楚奇,永豐人。皇慶間以薦授揚州學錄。累官江州總管、江西行省參政。守韶州,以贛寇圍城,力禦不支,被執抗節死。

書高24.7釐米,寬17.2釐米。每半葉八行,行十八字。版心上方記 "惟實集" 及類目,下方記葉次。卷末墨題 "康熙丁酉季秋松泉氏書於紫陽山別業",鈐 "謹堂" 朱印。

卷一首葉第一行題 "吉永豐鷺溪劉楚奇先生惟實本集卷之一",第二、三行題 "男遂尊實/述尊實原訂",第四行起正文。

書首有康熙五十四年劉廷璜 "惟實集序",洪熙元年周孟簡 "鷺溪文獻集序","吉永豐鷺溪劉楚奇先生惟實本集目錄"。

周孟簡序後有同治乙丑徐時棟題記,鈐 "柳泉" 朱印。

書中鈐 "休寧汪氏珍藏"、"城西草堂"、"由敦手戲"、"徐時棟祕笈印"、"柳泉書畫"、"甬上"、"大倉文化財團藏書" 朱印。

案語:《四庫全書》本外集僅一卷。

吉永豐鷺溪劉楚奇先生惟寶本集卷之一

男　遂尊寶　原訂

　　述尊寶

疏

臣劉鶚奏為請旨益師事天下之師有勞而衛

者有逸而樂者其勞逸之不同將謂將之智愚

分乎師之強弱異乎不然何勞者之終於勞而

望逸者之憩而不得也勞固可以勞終而逸獨

道園學古録五十卷

明景泰刻本

DC0278二函十冊

元虞集撰。

虞集(1272—1348),字伯生,號道園,人稱邵庵先生。累遷奎章閣侍書學士。

書高27.1釐米,寬15.6釐米。版框高19.1釐米,寬13釐米。每半葉十三行,行二十三字。上下大黑口,雙黑魚尾,四周雙邊。上魚尾下記 "孛學古" 及卷次,下魚尾下方記葉次。

卷一首葉第一行頂格題 "道園學古録卷之一",下空四格題 "在朝藁一",第二行記 "雍虞集伯生",第三行起正文。

書首有 "道園學古録目録"。書末有至正元年李本跋。

書衣書籤墨題 "道園學古録元至正元年初槧本"。書中鈐 "大倉文化財團藏書" 朱印。

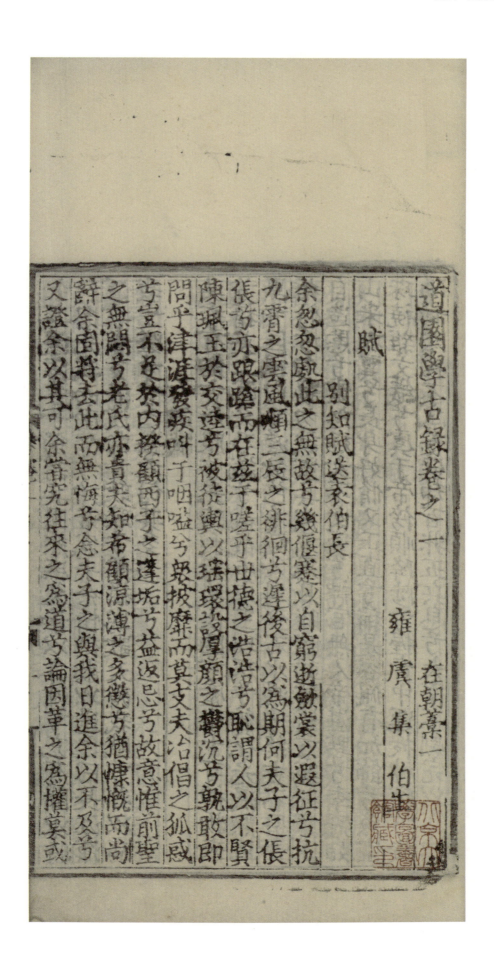

道園學古錄卷之一

雍虞集　伯生

在朝藁一

賦

別知賦送衰伯長

余忽忽廓此之無故兮幾偃蹇以自窮逝勉裳以遲征兮抗
九霄之雲迴兮三辰之緋徊兮遵後古以為期何夫子之張
張兮亦跟躍而在茲兮嗟乎世德之澔汗兮恥謂人以不賢
陳瑰玉於交逵兮披徒輿以璀璨顏設厚顏之鬱沈兮軹敢即
問乎津渡妻疾叫千咽嗟兮與披糜而莫支夫公冶倡之孤感
兮豈不足於內槃顏西子之蓬垢兮益返思兮故意惟前塑
之無闕兮老氏亦貴夫知希顏源薄之多懲兮猶悚慨而尚
辭兮念固將去此而無悔兮念夫子之與我日進余以不及兮
又證余以其可兮余常究往來之為道兮論因革之為權莫或

雍虞先生道園類槀五十卷

清影元鈔本
DC0279四册

元虞集撰。

書高34.5釐米，寬22.1釐米。版框高22.8釐米，寬15.5釐米。每半葉九行，行二十字。上下黑口，雙黑魚尾，四周雙邊。上魚尾下記"道園類槀"及卷次，下魚尾上記葉次。卷三十七、卷三十八無版框。

卷一首葉第一行題"雍虞先生道園類槀卷之一"，第二行起正文。

存一至四、二十五至二十七、三十七至三十八卷。卷之二十六第一至二、五十五至六十九、六十八至六十九葉無文字。

書首有至正六年歐陽玄"雍虞公文序"，至正五年憲司牒文及銜名，"雍虞先生道園類稿目録"。

書中鈐"大倉文化財團藏書"朱印。

雍虞先生道園類豪卷之一

賦

別知賦送表伯長

余忽忽處此之無故兮幾偃蹇以自窮逝歛裳以遯
征兮抗九霄之雲風瓶三辰之徘徊兮遲後古以爲
期何夫子之侯侯兮亦踉蹌而扛茲于嗟乎世德之
浩浩兮恥謂人以不賢陳珮玉於交逵兮被徒輿以
瑤環設厚顏之鬱沈兮孰敢即問乎津涯發疾呌于
咽嗌兮眾披靡而莫支夫冶倡之孤惑兮豈不足於

揭曼碩詩集三卷

明印溪草堂鈔本

DC0281一冊

元揭傒斯撰。

揭傒斯（1274—1344），字曼碩，號貞文，龍興富州人。歷官奎章閣授經郎、遷翰林待制，拜集賢學士，翰林侍講學士，階中奉大夫，封豫章郡公，修遼、金、宋三史，為總裁官。卒諡文安。

書高27釐米，寬17.2釐米。版框高21釐米，寬14.5釐米。每半葉九行，行二十字。四周單邊。版心下印"印溪草堂"，無葉次。

卷一首葉第一行題"揭曼碩詩集卷之一"，第二行題"門生前進士爕溥化校錄"，第三行起正文。

有毛扆朱筆批校，卷三末葉有順治壬辰毛扆朱筆題記。書末有康熙己未陸貽典補錄詩八首，并識語，鈐"敕先"、"陸貽典印"朱印。

書中鈐"翰林院印"（滿漢文）、"平江黃氏圖書"、"篤生經眼"、"林泉珍秘圖籍"、"謏聞齋"、"黃翼"、"大倉文化財團藏書"朱印。

揖曼硯詩集卷之一

門生前進士燮溥化校錄

臨川女

我本朱氏女住在臨川城家世事趙氏業惟食農畊

五歲父乃死天復令我盲莫知朝與昏丽依母與兄

母兄日用窮何以資我身一朝聞客言與盲出東門

阿母送我出阿兄抱我行不見所向途但聞風雨聲

行行五里餘忽有呼兄名兄乃棄我走客前撫我言

我與趙世親復與汝居鄰即汝即赴死扶眼到河濱

印溪草堂

伊濱集二十四卷

清龍氏知服齋據《文瀾閣四庫全書》鈔本
DC0302一函六冊

元王沂撰。

王沂,字思魯,祖籍雲中,徙於眞定。延祐二年進士,官至禮部尚書。

書高28.4釐米,寬17.3釐米。版框高20.2釐米,寬13.6釐米。綠格鈔本。每半葉八行,行二十一字。白口,單綠魚尾,四周雙邊。魚尾上方記"欽定四庫全書",魚尾下方記"伊濱集"及葉次,版心下方記"龍氏知服坐恭鈔/文瀾閣藏本"。

卷一首葉第一行題"欽定四庫全書",第二行"伊濱集卷一",第三行題"元王沂撰",第四行起正文。

書首有"欽定四庫全書提要/伊濱集"。

書中鈐"大倉文化財團藏書"朱印。

欽定四庫全書

伊濱集卷一

賦

元 王沂 撰

函谷關賦

客有遠適於西分兮聊游盤于關東窺河流之奔放兮

耶高掌之遺蹤衍平臯之如席兮豁函谷之箆箆觀天

險之固護兮擾五達而隆崇迺喟然而嘆曰遐子邈然

伊濱集

淵穎吳先生集十二卷附録一卷

明嘉靖元年（1522）祝鑾刻本

DC0291四册

元吳萊撰，明宋濂編。

吳萊（1297—1340），字立夫，本名來鳳，浦陽人。隱居松山，深研經史。門人私諡淵穎先生。

書高25釐米，寬14.8釐米。版框高17.8釐米，寬12.8釐米。每半葉十一行，行二十二字。白口，單黑魚尾。魚尾下記"淵穎集"及卷次，又下記葉次，版心下記刻工。吳士諤識語後鎸"金華後學宋璲謄寫"。

卷一首葉第一行頂格題"淵穎吳先生集卷之一"，下空五格題"門人金華宋濂編"，第二行起正文。

書首有嘉靖元年祝鑾"重刻淵穎先生集序"，"淵穎吳先生集目録"，吳士諤識語。

書中鈐"史可法印"、"皇明遺民"、"□菴藏書"、"大倉文化財團藏書"朱印。

淵穎吳先生集卷之一

金華宋濂編

大游賦 并序

鄗陵道士盛元翀東將會稽子聞其風神頴異彼服蕭爽
蓋將自是而汗漫六合者也張君子長約同送之賦用是
作遂題曰大游

夫何一高士子獨曠視乎八區朝吾車之夙駕兮夕予至
於清都仰天路之迢遞兮袂陵陽而與俱遡剛風而頹倒
景兮浮沇瀣而噲青靄兮蘫廄起而前導兮輷霆霹靂使後驅
素蜺天矯而為纓兮神鳳離褷以揭旟怳大游之所歷
兮撫四海其無家唶塵濁之不可以止息兮吾將抵乎崑
崘之遺墟唶吾東轅之我頤兮探宛委之嵌究帝禹告予以

吳淵穎先生集十二卷

清康熙六十年（1721）林養堂刻本
DC0719二函十册

元吳萊撰，清王邦采箋，清王繩曾箋。

書高26.4釐米，寬17.1釐米。版框高16.8釐米，寬12.3釐米。每半葉九行，行十八字，小字雙行，字數同。白口，單黑魚尾，四周單邊。魚尾下記卷次，又下記葉次。目録後刻 "錫山張廷俊文英書許昌祚彙成鐫"。

卷一首葉第一行題 "吳淵穎先生集卷第一"，第二行題 "錫上王邦采貽六/繩曾武沂箋"，第三行起正文。

書首有康熙辛丑王邦采序，胡助原序，宋濂 "碑文"，宋濂等 "謚議"，"吳淵穎先生集目録"。

書中鈐 "鶴巢藏書"、"百城侯"、"大倉文化財團藏書" 朱印。

吳淵穎先生集卷第一

錫山王　邦采貼六

　　繩曾武沂箋

觀孫太古周天二十八宿星君像圖書〔尚

〔堯典注〕南方朱鳥七宿東方蒼龍七

宿北方玄武七宿西方白虎七宿〔又〕

二十八宿衆星爲經金木水火上五

星爲緯〔鄭氏曰〕二十八宿環列於四

方隨天西轉東方七宿自角至箕

爲蒼龍以次舍言則房心爲大火之

中南方七宿自井至軫是爲鶉鳥以

形言則有朱鳥之象者西方七宿

之中星則昴者北方七宿

星本不移附天而移天傾西北極居

之中星也昴者北方也

天之中二十八宿半隱半見各以其

時故必於東南而考之仲春月星火

卷一

黃文獻公集二十三卷

元刻明正統三年（1438）修補本
DC0282二函十二册

元黃溍撰，元危素編。

黃溍（1277—1357），字文晉，又字晉卿。婺州義烏人，仁宗延祐間進士，任寧海縣丞，累擢侍講學士知制誥等職。

書高26.8釐米，寬16.4釐米。版框高19.8釐米，寬14釐米。每半葉十四行，行二十五字。上下黑口，單黑魚尾，四周雙邊。魚尾下記"黃文獻公集"及卷次，又下記葉次。

卷一首葉第一行頂格題"黃文獻公集卷第一"，下空五格題"初藁一"，第二行題"臨川危素編"，第三行起正文。

書首有宋濂"金華先生黃文獻公集序"，序後有"黃文獻公集"，"黃文獻公集目錄"。書末有正統三年程桓"黃文獻公文集後序"。

書中鈐"楝亭曹氏藏書"、"長白敷槎氏堇齋延昌齡圖書印"、"辛道人"、"犀盦藏本"、"教經堂錢氏章"、"大倉文化財團藏書"朱印。

歐文獻公桂示卷之第一

和棗一　臨川戹素編

五言古詩

雜詩

日月東西行羣動亦不息寄身萬物中寧獨謝玆役所以

遲遲延南北聖拮諒已乎旅人能久安

晨起步南閭旭日朝以清藻花衆草中曄曄敷丹榮流光非

獨爾心自頷覽物有深懷媖妤立方含情

瓆玉與寶劍論落初未偶君看被蹗被各在千年

華富獨長久慼悠百代下相知復何有

飛雲澹無心出山偶為雨長風忽吹散渺渺

炎氜青如故譚哉魯仲連功成身已去

春風著萬物欣欣皆自私可燦兒女花榮悴更翔

偃寒如不知何疑揚蘀戢草玄鬢君絲

重刊黃文獻公集十卷

明嘉靖十年（1531）虞守愚刻本

DC0283六冊

元黃溍撰，明宋濂輯，明張儉編。

書高24.8釐米，寬14.6釐米。版框高19.2釐米，寬12.7釐米。每半葉十行，行二十一字。白口，單線魚尾，四周單邊。魚尾下記"黃學士集"及卷次，又下記葉次。

卷一首葉第一行題"重刊黃文獻公文集卷之一"，第二行題"門人宋濂輯"，第三行題"後學虞守愚校閱"，第四行題"後學張儉編次"，第四行上起正文。

書首有宋濂"金華先生黃文獻公集序"。

書根墨書"黃文獻公文集"。書中鈐"朱敘"、"海峰"、"厚叔"、"永思"、"□嚴"、"大倉文化財團藏書"朱印。

重刊黃文獻公文集卷之一

門人宋濂輯

後學虞守愚校閱

後學張瀹編次

五言古詩

襍詩五首

日月東西行群動亦不息審身萬物中寧獨謙發㒺所

以魯中叟違違走南北聖術諒已然旅人能久安

晨起步南園旭日朗以晞藜花眾草中曄曄軒其輝流

光非攻玉獨爾心自作覽物有深懷竚立亥會情

業王真嶽劍淪落初未偶君看被溷裁名䆮二十年㒺

圭齋文集十六卷

明成化七年（1471）刻本

DC0285一函四册

元歐陽玄撰。

歐陽玄（1274—1358），字元功，號圭齋，瀏陽人，祖籍盧陵。延祐二年進士，官中都議事、侍講學士等職。

書高27.9釐米，寬16.4釐米。版框高20.2釐米，寬13.4釐米。每半葉十一行，行二十一字。上下大黑口，四黑魚尾，四周雙邊。上對魚尾間記卷次，下對魚尾間記葉次。書衣書籤鐫"圭齋文集"。

卷一首葉第一行頂格題"圭齋文集卷之一"，下空五格題"宗孫銘鏞編集"，第二行題"安成後學劉釬校正"，第三行起正文。

書首有宋濂"歐陽公文集序"，"圭齋目録"。

函套書籤墨題"元歐陽原功圭齋集"。書中鈐"昭煥謹藏"、"柚芳書屋"、"蕕谷"、"繼涵"、"孔繼涵印"、"毗陵董氏誦芬室收藏舊槧精鈔書籍之印"、"董康祕篋"、"誦芬室藏書記"、"大倉文化財團藏書"朱印。

圭齋文集卷之□

宗孫 銘鏽 編集

安成後學 劉釪 校正

賦

天馬賦

翳房星之委精鍾天馬之權奇澡神質於淫淮砥勁氣
於月氐貞非坤牝健本乾為上分扶輿之秀下孕蜿蜒
之縈風雲資其於力雨露澤其光儀鷹膺廣鳧臆鬛鬃秀鬣
譬音昂渴烏之勢影捷杜矢之馳於是陋騄駬之產邁
麒麟之姿驟六飛於廣漠舞九奏於希夷若乃朝剗崑
崙夕秣玄圃駕䮘䮖之子晉道霞鶴於王母風舟舟兮
斯征靈繽繽兮来宁覽熙世之德輝屬萬物之欣覩額

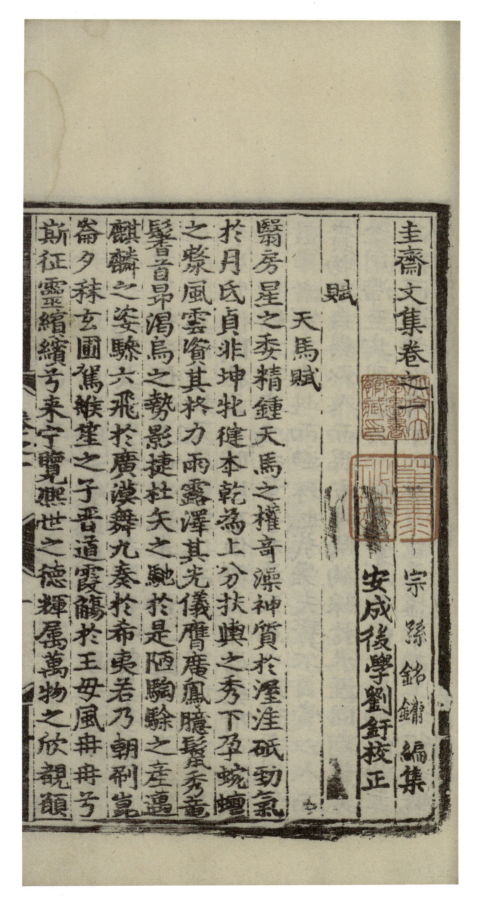

燕石集十卷

清乾隆鮑氏知不足齋鈔本
DC0295一函二册

元宋褧撰。

宋褧（1294—1346），字顯夫，大都宛平人。泰定元年進士，累官監察御史，出僉山南憲，改西臺都事，入為翰林待制，遷國子司業，擢翰林直學士，兼經筵講官。

書高28.4釐米，寬17.3釐米。版框高18.1釐米，寬12.5釐米。每半葉十行，行二十一字。上下黑口，雙黑魚尾。上魚尾下方記“燕石集”及卷次，下魚尾上方記葉次，版心下口正面記“知不足齋正本”。

卷一首葉第一行題“燕石集卷第一”，第二行題“薊門宋褧顯夫”，第三行起正文。

書首有至順元年歐陽玄“宋翰林燕石集序”，至正六年蘇天爵序，至正六年許有壬序，呂思誠序。書末有丁酉吳翌鳳題記，乾隆辛丑、辛亥鮑廷博校記二條，光緒戊申吳昌綬題記，鈐“伯宛審定”朱印。鮑廷博依胡氏鈔本鈔補至正八年咨，咨後有乾隆五十六年鮑廷博題記。

書中有朱筆、墨筆、藍筆校。

書根墨題“燕石集”及册次。書中鈐“歙鮑氏知不足齋藏書”、“知不足齋藏書”、“毗陵董氏誦芬室收藏舊槧精鈔書籍之印”、“廣川書庫”、“大倉文化財團藏書”朱印。

燕石集卷第一

古賦

晶志賦延祐
己未

伊我生之肇始兮荷陶埴於玄鈞禀粹質為乾道兮值
中夏之昌辰靈賦余以洪德兮烏敢昧於持循承啟迪
於兄考兮懼速戾而恒塵矧干戈未耨之勞兮曾少遠
於吾身茍怠弃於服行兮奚古訓之可親悵中經於遠貿
襄兮胡筆舌之能矢粵吾降于靈均之故家兮岷泰擴
而俗鄙逮巡波而東逝兮塵弸節乎南紀何通都大邦

昭武黃存齋先生秋聲集十卷

明嘉靖十二年（1533）王錦刻本
DC0275一函二冊

元黃鎮成撰。

黃鎮成（1288—1362），字元鎮，號存存子，秋聲子，學齋先生，邵武人。授江南儒學提舉，未上任而卒。

書高28.5釐米，寬16.7釐米。版框高19.4釐米，寬12.7釐米。每半葉十行，行二十三字。白口，雙黑魚尾，四周單邊。版心上方記"秋聲集"，上魚尾下記卷次，下魚尾下記葉次。

卷一首葉第一行題"昭武黃存齋先生秋聲集卷之一"，第二行題"鄉晚學生白巖王錦校梓"，第三行起正文。他卷首葉第一行題均為"秋聲集"及卷次。

書首有秋聲子"秋聲集序"，至正十七年鄭潛"秋聲集後敘"。書末有危素"元故文林郎江西等處儒學副提舉黃君墓碑"。

第一冊重裝時卷次散亂，首卷四，其後依次為卷五、卷一、卷三、卷二，中有補錄六葉。

書中鈐"誦芬室藏書記"、"董康祕篋"、"董康手校"、"廣川書庫"、"大倉文化財團藏書"朱印。

案語：《四庫全書》本僅四卷。上海圖書館亦藏此板，多附錄一卷，此前又有洪武十一年黃鈞刻本，中國國家圖書館藏孤本。

昭武黃存齋先生秋聲集卷之一

鄉晚學生白巖王錦校梓

五言律

春日山行雜興 四首

出郭晴光遠臨高迢興賒路經樓鶴地山入種桃家石頂尋

雲母松根飲雪花故人留宿覷朝飯有胡麻

山翁留客住自詫樂餘年日養分男舍春耕稅主田兩泥朝

過麗山木夜啼鵁鶄禿頌相勞桃花出釣船

城郭心何補煙霞迹未踈抱琴多勝地得酒即吾廬夜候丹

砂火春尋石室書窅緣到幽絶高士亦巢居

傅與礪詩集八卷補集一卷續補集一卷

清初鈔本
DC0296二册

元傅若金撰。

傅若金（1303—1342），字與礪，一字汝礪，元代新喻人。少貧，以布衣至京師，以異才薦於朝。

書高26釐米，寬16.4釐米。版框高17.9釐米，寬13釐米。藍框。每半葉十行，行二十字。白口，單藍魚尾。

卷一首葉第一行題 "傅與礪詩集卷之一"，第二行題 "任丘宋應祥伯禎點校"，第三行題 "弟傅若川次舟編刊"，第四行起正文。

書首有王士禎序，胡行簡序，范梈撰 "傅與礪詩集序"，元統三年揭傒斯序，至正辛已年虞集序。序後有同治十三年孔廣陶校記。卷八末有癸亥傅若川識語。

補集一卷、續補集一卷孔廣陶補録。書中有朱筆校。

書中鈐 "秦川百弌"、"相舒"、"樵李盛氏春草堂圖書"、"盛百弌"、"秦川"、"大倉文化財團藏書" 朱印。

傅與礪詩集卷之一

任　　　　　　應
弟傅若川次舟編刊　　祥伯禎點校

雜著

清安堂賦為思南李經歷作

夫何茲堂之靜佳谿谷綠以閒深泉歷除而細響木
交戶而綠陰世溷濁其汶汶咸役體而勞心爰順時
以息養況顯歟而開襟羌怡寂以禦煩諒君子之聽
盧感人生之長勤寒暑迭而相驅靡徇逸而非害乾
忘患而恒舒雖燕樂其何傷將不見之是圖厥依仁

竢庵李先生文集三十一卷

清初鈔本

DC0297八册

元李存撰。

李存（1281—1354），字明遠，一字仲公，號俟庵。安仁人。廷祐初試不第，遂杜門著書講學。

書高27.2釐米，寬17.6釐米。每半葉十行，行二十字。白口。版心正面上方記卷次，下方記葉次。不避 "弘" 字。

卷一首葉第一行題 "竢庵李先生文集卷之一"，第二行題 "安仁縣知縣姑蘇謝繒重刊"，第三行題 "國子生邑人夏霖校編"，第四行起正文。

書首有 "番易仲公李先生文集目錄"。

書中鈐 "小山堂書畫印"、"大倉文化財團藏書" 朱印。

竢庵李先生文集卷之一

安仁縣知縣　姑蘇謝縉　重刊

國子生邑人夏霖　校編

古詩

西山歌

西山有廬以我逶迤中田有稌以我療飢春之日宜

桑為父母裳冬之日宜酒為父母壽

古意　時官軍西征二年未利有感而作

秋風一鴈過彎弓登西樓臂弱弓不滿天高鴈難求

吁嗟流沙外風雨何時休三年頻夢君為知沉與浮

卷一

一

蜕菴集五卷

清鈔本

DC0286一册

元張翥著。

張翥(1287—1368),字仲舉,晉寧人。官至翰林學士承旨。

書高29.6釐米,寬18.6釐米。每半葉八行,行二十一字。版心上方記"蜕菴集"及卷次,下方記葉次。

卷一首葉第一行題"蜕菴集卷之一",第二行題"晉寧翰林承旨張翥仲舉著",第三行題"衡山釋大杍北山編集",第四行起正文。

有朱筆校。書首有宣統庚戌吳昌綬題記,鈐"伯宛審定"朱印。書末有徐時棟題記,鈐"柳泉"朱印。書中鈐"柳泉書畫"、"城西草堂"、"大倉文化財團藏書"朱印。

蛻菴集卷之一

晋寧翰林承旨張翥仲舉著

衡山山釋　大杼北山編集

五言古詩

獨酌謠

有酒且一醉有歌且一謠杯盡當再酌瑟罷須重調生
足意自適身縈心苦焦所以黎首人多在於漁樵一謠
仍一酌且復永今朝明朝未可料況乃百歲遙所願花

蟻術詩選四卷詞選四卷

清鈔本

DC0298二冊

元邵亨貞著。

邵亨貞(1309—1401),字復孺,號清溪。雲間人。曾任松江訓導。

書高30釐米,寬19.1釐米。每半葉八行,行二十一字。版心上方記 "蟻術集" 及卷次,下方記葉次。內封有 "仁豐字號" 印記,襯葉有 "雲泰號紙" 印記。毛邊裝。

卷一首葉第一行題 "蟻術詩選卷第一",第二行題 "元雲間邵復孺著",第三行題 "明新都汪稷校",第四行起正文。

書首有隆慶壬申沈明臣 "新刻邵復孺集敘","蟻術詩選目錄"。序後有同治八年徐時棟識語,鈐 "柳泉" 朱印。

書中鈐 "城西草堂"、"柳泉書畫"、"徐時棟印"、"大倉文化財團藏書" 朱印。

蟻術詩選卷第一

元雲間邵復孺著

明新都汪䅵校

五言古風

秋懷

金風應商節庭樹生秋聲况復踈雨過莎雞振前楹客
居在城市朋從少合阱雖無山林賞乃亦無俗情芳時
屢消歇身世坐無成廣庭散短策逍遙塵慮清陶然發

蟻術集卷一

居竹軒詩集四卷

明嘉靖刻本

DC0299一函四册

　　元成廷珪撰。

　　成廷珪，生卒年不詳，字元常，號居竹，興化人。寓居廣陵，養母甚孝，博學工書。

　　書高27.2釐米，寬16.3釐米。版框高20.5釐米，寬13.7釐米。每半葉十行，行十八字。上下大黑口，雙黑魚尾。下魚尾上方記葉次，正文葉次首尾相銜，各卷不單排葉次。

　　卷一首葉第一行題 "居竹軒詩集卷第一"，第二行題 "京兆郜肅彥清校正"，第三行題 "中山劉欽叔讓編類"，第四行起正文。

　　書首有張翥 "居竹軒詩集序"，至正十二年危素序，郜肅 "居竹軒詩集序"，丙午年鄒奕序，劉欽識語，"居竹軒詩集綱目"。書末有周瑯跋。

　　書中鈐 "晉江黃氏父子藏書"、"汪士鐘藏"、"溫陵黃俞邰氏藏書印"、"朝爽閣藏書記"、"大倉文化財團藏書" 朱印。

居竹軒詩集卷之一

　　　　　　　　　　京兆郡　　　　清校正
　　　　　　　　　　中山劉　欽叔讓編類

操

題王彦龍所藏三茅郎玄隱墨蘭

登勾曲兮常良攬薜帶兮筠裳縶白駒兮空谷

葆九鳳兮扶桑汎光風兮既零雨水淺淺兮石

走楚望夫君兮不来帳青楓兮日將暮

古詩七言

送周草窗尊師歸廬山太平宮

僑吳集十二卷附錄一卷

清乾隆庚辰(二十五年,1760)鮑氏知不足齋鈔本

DC0300一函三冊

元鄭元祐撰。

鄭元祐(1292—1364),字明德,處州遂昌人,僑居吳中近四十年。

書高28.1釐米,寬17.2釐米。版框高20.5釐米,寬13.6釐米。每半葉十行,行二十四字。上下黑口,雙黑魚尾,左右雙邊。上魚尾下方記"僑吳集"及卷次,下魚尾上方記葉次。版框外左下印"知不足齋藏書"。

卷一首葉第一行題"僑吳集卷之一",第二行空一格題"四言古詩",下空八格題"括蒼鄭元祐明德著",第三行正文。

書首至正二十年謝徽"橋吳集序","僑吳集目錄"。書後有弘治八年張習"刊吳僑集錄"。

書中有朱筆、墨筆、藍筆校。各卷末有乾隆嘉慶間鮑廷博朱筆藍筆鈔校題記。卷六末有鮑廷博於庚辰十二月十二日朱筆校跋,及其於嘉慶十六年五月十三日署名通介叟的藍筆校跋。第二冊尾(卷九末)有鮑廷博於庚辰十二月二十二日朱筆校跋。全書末有介叟嘉慶十五年二月二十八日記,乾隆乙酉八月二日朱筆書以弘治舊刻校正記,墨筆鈔校記。

書中鈐"歙西長塘鮑氏知不足齋藏書印"、"老屋三間賜書萬卷"、"世守陳編之家"、"蔣維基子垕氏"、"蔣子垕收藏印"、"伯宛審定"、"董康私印"、"毗陵董氏誦芬室收藏舊槧精鈔書籍之印"、"大倉文化財團藏書"朱印。

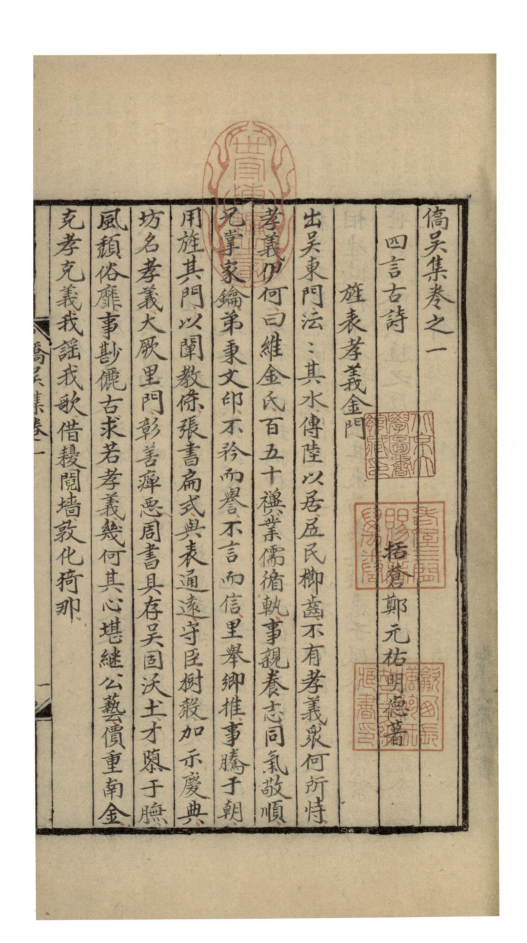

僑吳集卷之一

四言古詩

旌表孝義金門

括蒼 鄭元祐明德著

出吳東門沍其水傳陸以居厄民椰齒不有孝義眾何所恃

孝義伊何曰維金氏百五十禩業儒循軌事觀養志同氣敬順

兄掌家鑰弟秉文印不矜而譽不言而信里舉鄉推事騰于朝

用旌其門以闡教條張書扁式與表通遠守臣樹縠加示慶典

坊名孝義大厥里門彰善癉惡周書具存吳囻沃土才顯于臚

風頹俗靡事尠儷古求若孝義幾何其心堪継公藝價重南金

克孝克義我謠我歌借襲閱墙敦化匄那

友石山人遺藁一卷附録一卷

清乾隆丙子(二十一年, 1756)鮑氏知不足齋鈔本
DC0303一册

元王翰撰。

王翰(1333—1378), 先祖為西夏人, 姓唐兀氏, 字用文, 號時齋, 晚號友石山人。元末任福建行省參知政事。明洪武十年自剄殉國。

書高30.2釐米, 寬19.2釐米。版框高19.2釐米, 寬14.4釐米。黑格。每半葉十行, 行二十一字。白口, 四周單邊。版心上方記 "友石山人遺藁", 版心中記葉次, 首葉版心下記 "知不足齋藏書"。毛邊裝。

卷一首葉第一行題 "友石山人遺藁", 第二行題 "靈武王翰用文", 第三行起正文。

書首有陳仲述撰 "友石山人遺稿敘"。書末有上章敦祥王偁跋。

書首有補録 "欽定四庫全書提要/友石山人遺藁", 末葉有乾隆丙子鈔校題記, 己卯覆勘題記, 嘉慶乙丑通介叟志、正言覆校, 丙寅馬以艮校記。

書中鈐 "沈海環州"、"燕喜堂"、"大倉文化財團藏書" 朱印。

友石山人遺稾

靈武　王翰　用文

送別劉子中二首

幽蘭抱貞姿結根岩石中猗猗汎叢碧及此春露濃君
子每見取衆草羞與同當為王者香揚芳待清風撫琴
起長歎曲盡情未終

鴻雁西北來嗷嗷咏晴雪陽和忽已暮旅況轉凄切誰
執手寒江濆慷慨難為別豈無楊柳枝零亂不堪折鴻
憐鶼子卿天涯持漢節

題南塘喬木圖

龜巢摘槀三卷

清鈔本

DC0288一册

　　明謝應芳撰。

　　謝應芳 (1295—1392)，字子蘭，號龜巢，常州武進人。自幼篤志好學，潛心性理，以道義名節自勵。元至正初，隱白鶴溪上。

　　書高26釐米，寬14釐米。每半葉十行，行二十字。

　　卷一首葉第一行題 "龜巢摘槀卷之一"，第二行起正文。

　　書首有洪武十二年余詮 "龜巢摘藁敘"，盧熊序。

　　書衣書籤墨題 "龜巢摘藁"。書中鈐 "聽雨樓查氏有圻珎賞圖書"、"東武李氏收藏"、"應冰遠印"、"林表"、"果親王府圖書記"、"倉財團文庫藏書" 朱印。

龜巢摘藁卷之一
四言

　方竹杖

予性喜方偶得一方竹為杖甚愛之因念古之崇
節義尚廉隅者類焉刻詩其端持以自警

狷歟竹君易圓為方虛心固節志如其常其方伊何
如玉界尺不砥而平不繩而直曰予老矣賴君扶持
義以方外廉克侶之
　上錄因官
湍水汜汜其類始夷執恆株連維　皇念茲

樵雲獨唱詩集六卷

清鈔本

DC0292一函二册

元葉顒撰。

葉顒（1300—1374），字景南，金華人。結廬城山東隅，終身隱居不出。

書高28.3釐米，寬18.2釐米。每半葉十行，行二十字。版心下記葉次。卷末墨書"辛未八月初六日補録于武林兩廣會館"。

卷一首葉第一行題"樵雲獨唱詩集卷之一"，第二行題"贈通議大夫戶部左侍郎嫡長孫雍編次"，第三行題"賜進士資善大夫戶部尚書曾孫淇重梓"，第四行起正文。

書首有至正甲午葉顒"樵雲獨唱序"，至正甲午雲頂天民序，景泰紀元史敏"樵雲獨唱詩集序"，成化十九年袁凱"樵雲獨唱詩集序"。

書中有藍、紅字校補，天頭有黑字批校。

書根墨書"樵雲獨唱"。書中鈐"知不足齋藏書"、"毗陵董氏誦芬室收藏舊槧精鈔書籍之印"、"龍飛魚躍"、"廣川書庫"、"大倉文化財團藏書"朱印。

樵雲獨唱詩集卷之一

贈通議大夫戶部左侍郎嫡長孫雍編次

賜進士資善大夫戶部尚書曾孫淇重梓

古詩

浙江潮

浙江潮從海門起濺沫飛流幾千里老龍奮技滄波

海六丁怒決天河水萬馬奔馳人盡驚千夫賈勇衆

莫禦滔滔濁浪排空來翻江倒海山爲摧固知神物

善幻善變化不然胡爲若此之壯哉狂風颭颭洞響天

籟長空隱約轟春雷衝堤激岸勢雄偉春崖嚙石聲

一

清閟閣全集十二卷

清康熙五十二年（1713）曹氏城書室刻本

DC0294一函四冊

元倪瓚著。

倪瓚（1301—1374），初名珽，字泰宇，後字元鎮，號雲林子、荆蠻民、幻霞子等。江蘇無錫人。精於繪畫，一生未仕。

書高26.5釐米，寬16.7釐米。版框高18釐米，寬14.2釐米。每半葉十一行，行二十一字，小字雙行，行三十二字。白口，單黑魚尾，四周單邊。魚尾下方記 "清閟閣全集" 及卷次，又下記葉次，版心底部正面記 "城書室"。内封鐫 "海上曹敬三重訂/倪高士清閟閣全集/城書室藏板"。

卷一首葉第一行題 "清閟閣全集卷之一"，第二行題 "梁溪倪瓚元鎮著"，第三行題 "海上後學曹培廉敬三校"，第四行起正文。

書首有天順四年錢溥序，萬曆辛卯王穉登序，萬曆庚子顧憲成序，高攀龍序，萬曆辛亥陳繼儒序，康熙五十二年曹培廉 "重刊清閟閣全集序"，"凡例"，"清閟閣全集目録"。

書中鈐 "大倉文化財團藏書" 朱印。

清閟閣全集卷之一

梁溪　倪瓚　元鎮　著

海上後學曹培廉　敬三　校

四言詩

至正十年十月廿三日余以事來荆溪重居寺主
邀余寓其寺之東院凡四閱月待遇如一日余
將歸迺命大覺懺除垢業使悉清淨乃爲寫寺
南山畫已因畫說偈

我行域中求理勝最遺其麤懵出乎内外去來作（一作止）
夫豈有礙依桑或宿御風亦邁雲行水流遊戲自在乃
幻孼居現於室内照窅中山歷歷不昧如波底月光燭

倪雲林先生詩集六卷附録一卷

明萬曆十九年（1591）刻本

DC0293四册

元倪瓚撰。

書高26.9釐米，寬17.3釐米。版框高20釐米，寬12.9釐米。每半葉九行，行二十字。白口，單黑魚尾，四周單邊。魚尾下記"詩"及卷次，又下記葉次。

卷一首葉第一行題"倪雲林先生詩集卷之一"，第二行題"荆溪蹇曦朝陽編集"，第三行題"八世孫珵重刻"，第四行起正文。

書首有萬曆辛卯王穉登"重刻倪雲林詩集序"，天順四年錢溥"雲林詩集前序"。書末有王賓"故元處士倪雲林先生旅葬誌銘"，周南老"故元處士雲林先生墓誌銘"，天順四年蹇曦"雲林詩集後序"，天順四年卞榮識語。

書中鈐"大倉文化財團藏書"朱印。

倪雲林先生詩集卷之一

荆溪　寒曦　朝陟　編

八世孫　程　重刻

四言

義興異夢篇

辛卯之歲寅月壬戌我寢未興戶闔于室爰夢鬼物

黯淡慄慄或禽而角或獸而戕夔足駿奔豕形人立

往來離合飛搏跳攔紛攘千態怪技百出予茲泊然

抱冲守一廓如太虛雲斂無迹晨雞既鳴冠櫛斯畢

麟原王先生文集十二卷後集十二卷附録一卷

清鈔本

DC0301一函四册

元王禮撰。

王禮（1314—1386），字子尚，後更字子讓，號清和道人，廬陵人。元末為廣東元帥府照磨，明興不仕，聘為考官亦不就。

書高28.1釐米，寬18.1釐米。每半葉十二行，行二十字。版心上方記 "麟原文集" 及卷次，下方記葉次。

卷一首葉第一行題 "麟原王先生文集卷之一"，第二行起正文。

書首有劉定之 "王子讓集序"，李祁序，"麟原王先生文集目録"。

書中有朱筆校改。

書中鈐 "歙西長塘鮑氏知不足齋藏書印"、"老屋三間賜書萬卷"、"蔣維基子㞹氏"、"維基私印"、"蔣氏子㞹"、"蔣維基字子㞹號厚軒"、"茹古精舍"、"毗陵董氏誦芬室收藏舊槧精鈔書籍之印"、"誦芬室藏書記"、"廣川書庫"、"大倉文化財團藏書" 朱印。

麟原王先生文集卷之

碑

贛州路總管府判官王侯紀勳碑

今大郡古侯國也而政令之設施財賦之出納軍民
之統尤為繁浩必長克長貳克貳同德協共臂指
同運則事無不舉不然雖平世不能以治況搶攘亡
紀之日哉贛之政可睹矣兵部尚書全公以選牧茲
郡文武並用聲威赫然越二年為至正壬辰蔡穎流
毒江右擴于吉安間道豫撫以窺贛四月據寧都於
是府判官奉議王侯分兵討之癸亥戰猫兒石得間
謀傑之甲子戰小庄冠退乙丑至葛坳三提毀其砦
舍奪其馬丙寅戰印山冠奔潰巳巳駐兵女冠三方

贈朝列大夫雲松巢朱先生詩集三卷

清鮑氏知不足齋鈔本

DC0304一册

元朱希晦撰。

朱希晦(1309—1386),號雲松,乐清人。隱居其鄉瑤川芳呑山。

書高26.5釐米,寬17.8釐米。每半葉八行,行二十字。

卷一首葉第一行題"贈朝列大夫雲松巢朱先生詩集卷之一",第二行題"七世孫玄諫選",第三行起正文。

書首有永樂五年鮑原弘"雲松巢朱先生詩集序",正統六年章陬"雲松巢詩集序","雲松巢朱先生詩集目錄"。書末有嘉靖七年朱諫"雲松巢朱先生詩集後序"。

書中有朱筆校。書首鮑序後有同治八年徐時棟墨書題識,鈐"柳泉"朱印。

書中鈐"歙西長塘鮑氏知不足齋藏書記"、"老屋三間賜書萬卷"、"世守陳編之家"、"遺稿天留"、"城西草堂"、"徐時棟印"、"徐時棟秘笈印"、"柳泉書畫"、"大倉文化財團藏書"朱印。

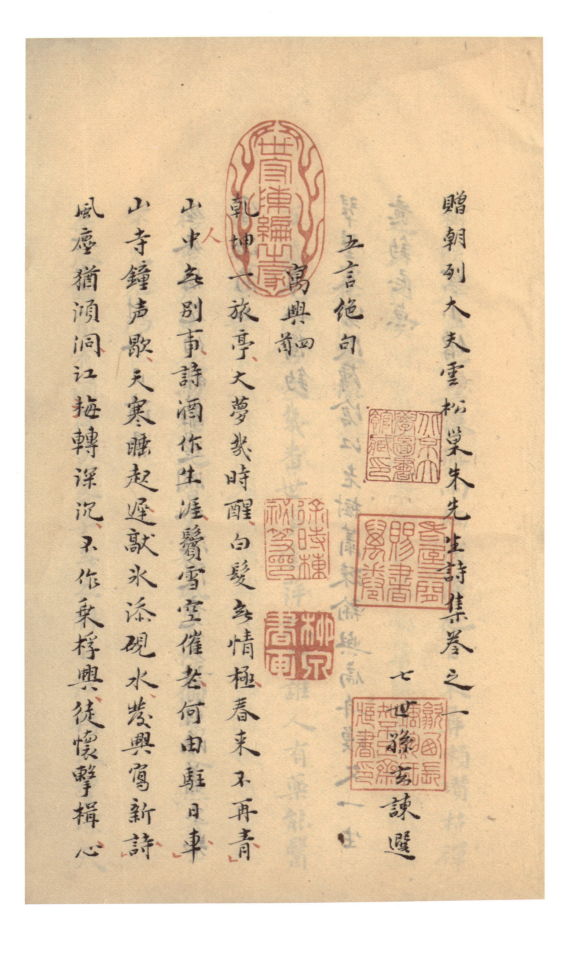

贈朝列大夫雲松棠朱先生詩集卷之一

七世孫玉諫選

五言絕句

寫興四首

乾坤一旅亭 大夢幾時醒 白髮無情極 春來不再青

山中無別事 詩酒作生涯 鬢雪空催老 何由駐日車

山寺鐘聲歇 天寒睡起遲 獻氷添硯水 發興寫新詩

風塵猶澒洞 江梅轉覺況 不作乘桴興 徒懷擊楫心

東維子集三十卷附録一卷

清鈔本

DC0290一函八册

元楊維楨撰。

楊維楨(1296—1370),字廉夫,號鐵崖、鐵笛道人,泰定四年進士。官至杭州四務提舉、建德路總管推官。

書高26.6釐米,寬17.6釐米。每半葉九行,行二十一字。白口。版心上方記"東維子集",中記卷次,下記葉次。

卷一首葉第一行題"東維子集",第二行題"卷一",第三行題"元楊維楨撰",第四行起正文。

書首有孫承"東維子集序","東維子目録","東維子集提要"。書末有萬曆十七年王俞"跋東維子集後"。

書中鈐"夢華館藏書印"、"何元錫印"、"大倉文化財團藏書"朱印。

東維子集

卷十

序

鄒氏遺訓序

元 楊維楨 撰

吳常熟鄒君玉氏自旌德官遊歸理故園以老焉其垂
訓子孫嚴其顓畫者凡若干件来謁余於姑胥邸次曰
某髮已種種懼一旦捐子孫去故速誠若干件雖話言
拙直使奉成規行之亦不致畔名教隳門地且將勒石

東維子集 卷一 一

鐵崖文集五卷

明弘治十四年（1501）馮允中刻本

DC0289二册

元楊維楨著。

書高24.6釐米，寬16.1釐米。版框高20.2釐米，寬14.4釐米。每半葉十行，行二十字。上下大黑口，雙黑魚尾，四周雙邊。上魚尾下記"鐵崖文集"及卷次，下魚尾下記葉次。卷末鎸"姑蘇楊鳳書于揚州之正誼書院"。

卷一首葉第一行題"鐵崖文集卷之一"，第二行題"會稽楊維禎著"，第三行題"毘陵朱昱校正"，第四行起正文。

書首有弘治十四年馮允中"鐵崖文集引"，目録，鐵崖先生傳。

內封面墨題"鐵崖文集"。

書中鈐"蒼巌山人書屋記"、"梁芸珍藏"、"梁印清標"、"茅堂夜雪"、"保三圖書翰墨之印"、"蕉林藏書"、"梁芸過眼"、"大倉文化財團藏書"朱印。

鐵崖文集卷之一

會稽·楊維楨著

毘陵·朱昱校正

圻城老父射敢將書

　其年某月日圻城老父謹射書一通于吉栗將軍足
下傳曰臣無二心天之制也臣之事君猶子之事父
婦之事夫皆天出也故曰天制天制而臣達之必有
天刑故君之甲令著焉吾元之有天下也統一寰宇
非曩時三分吾剖列為敵國國無定臣臣無定主得
士者王失士者亡士或失意即豪袂藏橐走西走東

弘正四傑詩集

清光緒二十一年（1895）長沙張氏湘雨樓刻本

DC0808 二函十四冊

清張祖同輯。

張祖同（1835?—1905），字雨珊，號詞緣，長沙人，張百熙之兄。同治元年舉人。

書高26.7釐米，寬16.8釐米。版框高18.5釐米，寬14.3釐米。每半葉十一行，行二十一字。上下黑口，雙黑魚尾。上魚尾下方記詩集名及卷次，下魚尾上方記葉次。書內封刻 "弘正四傑詩集"，內封背面有牌記 "光緒乙未秋長沙/張氏湘雨樓鋟板"。

卷一首葉第一行題 "李空同詩集卷一"，第二行題 "北郡李夢陽獻吉撰"，第三行起正文。

書首有光緒二十年何維棣 "弘正四傑集序"。

子目：

李空同詩集二十二卷　明李夢陽著

何大復詩集二十六卷附錄一卷　明何景明撰

徐迪功詩集四卷附錄一卷外集三卷談藝錄一卷　明徐禎卿撰

邊華泉詩集七卷附錄一卷　明邊貢撰

李空同詩集卷一

北郡李夢陽獻吉撰

古詩二十五首

禋社

禋社

禋社紀成也今上肇禮于社臣夢陽以戶部員
外郎從而賦禋社

元年仲春吉日維戊天子肇修于社式對二后協於百
辟旣祇旣戒其日丁巳三星彗彗
百辟至止萃於皋門三星在隅乃辟乃闔有涳其雲有
零其雨赤烏蹌蹌于壇之所
八佾剗剗百燎盈庭左金右石鏞鼓孔行帝命元臣曰

高皇帝御製文集二十卷

明萬曆刻本
DC0309二函十二冊

　　明太祖御製。

　　明太祖（1328—1398），姓朱氏，諱元璋，字國瑞。原名重八，後取名興宗。濠州人，明朝開國皇帝，年號洪武，在位三十一年。

　　書高27.1釐米，寬18.9釐米。版框高22.5釐米，寬15.9釐米。每半葉九行，行十七字，小字雙行，字數同。上下粗黑口，單黑魚尾，四周雙邊。版心魚尾下方記卷次，版心下方記葉次。

　　卷一首葉第一行題 "高皇帝御製文集卷第一"，第二至三行題 "巡按直隸監察御史臣謝正蒙/整飭揚州兵備副使臣熊尚文全訂"，第四行起正文。

　　書末有洪武七年劉基所撰 "御製文集後序"，洪武七年郭傳撰序。

　　卷首目録第三葉以上殘。

　　書中鈐 "大倉文化財團藏書" 朱印。

　　案語：謝正蒙萬曆四十二年任巡按直隸監察御史，四十四年丁母憂。此本之刻當在其間。

高皇帝御製文集卷第一

巡按直隸監察御史臣謝正蒙

整飭揚州兵備副使臣熊尚文 仝訂

詔

即位詔 洪武元年正月

朕惟中國之君自宋運既終

天命真人於沙漠入中國為天下主傳及子

孫百有餘年今運亦終海內土疆豪傑分爭

朕本淮右庶民荷

宋學士文集七十五卷

明正德九年（1514）刻本
DC0306二函二十冊

明宋濂撰。

書高29釐米，寬16.6釐米。版框高20釐米，寬14.8釐米。每半葉十四行，行二十三字。白口，左右雙邊。版心上方記子集名，魚尾下記 "宋文集" 及卷次，版心下方記葉次。

卷一首葉第一行頂格題 "宋學士文集卷第一"，下空四格題 "鑾坡集卷一"，下小字題 "即翰苑前集"，第二行起正文。

書首有貝瓊 "翰苑集序"，洪武庚戌楊維楨 "宋文集前序"，揭汯 "宋文集前序"。"宋學士文集目録"。

書中鈐 "大倉文化財團藏書" 朱印。

子目：

計鑾坡前集十卷

鑾坡後集十卷

翰苑續集十卷

翰苑別集十卷

芝園前集十卷

芝園後集十卷

芝園續集十卷

朝京稿五卷

宋學士文集卷第一

鑾城集卷第一　即

平江漢頌

天命

皇帝為億兆生民主旌麾所向悉臣悉庭初以
旅之師興濠泗間遂撫淮南平江東攻新東西下之版圖所
入方數千里定都江左發政施仁戴白之曳垂髫之童涵泳
至化暐暐熙熙如承平時于時陳友諒據有江漢之地偕居
大號賊殺其主防脩蒙僭虐驅烝黎如蹈水火不自度力又
集蜂蟻之眾直窺豫章三月不解　皇赤斯恐乃名群臣
于庭而告之曰陳屬兩道敢暴予儆普者蕩堀我邊方侵軼
我姑熱偵伺我金陵矣尔一二隣臣之力或而取之予亦觀
覆其六翼中間竄之恨自恭武昌予不忍追城之舉其悔禍以
自道救天荊癸卯以復國我豫章旦其凶德無厭自取
殘滅州天亡之明赐予不敢不順唯尔飫羆之臣不
二心之士尚彌予以成厥功　粲臣曰都枋是右丞臣達參知

潛溪先生集十八卷潛溪先生集宸翰一卷附録一卷

明天順元年(1457)黃溥嚴塤刻成化補刻本

DC0307八册

明宋濂撰,明黃溥選編。

書高26.6釐米,寬15.6釐米。版框高22.3釐米,寬14.2釐米。每半葉十一行,行二十五字。上下粗黑口,雙黑魚尾,四周雙邊。上魚尾下方記"潛溪集"及卷次,下魚尾上方記葉次。

卷一首葉第一行題"潛溪先生集卷之一",第二行題"後學弋陽黃溥澄濟選編",第三行題"後學古相羅綺尚絅校正",第四行起正文。

書首有王禕"宋潛溪先生文集序","宸翰目録","潛溪先生集目録","潛溪先生集附録目"。正文前有附録"宸翰"。

附録補刻至成化間。

書中鈐"大倉文化財團藏書"朱印。

潛溪先生集卷之一

後學弋陽黃溥澄源編

後學古相羅綺尚絅校正

古詩

雜體五首

丹桃艷陽質移自武陵源柔風拂纖條鮮澤沃靈根吐葩當春茂
結實俟秋蕃盈盈大如掌有色極華鮮丹衞之不敢藝期以奉君餐
君餐發靈和神滋生玉顏無為亦玄化恭默即軒轅效陸平原
流幻百年中有如水中泡虛形本不實何能永今朝悟此造化意
肆情常逍遙夜來新雨至南園秀芳苗掇之薦義酒沖懷正陶陶
斜川素心人叩門約遊遨相攜歩迤邐神輿品物交驚颺亂陵蟬

太師誠意伯劉文成公集十八卷

明嘉靖三十五年(1556)樊獻科于德昌眞定刻本

DC0308八册

明劉基撰,明樊獻科編。

劉基(1311—1375),字伯溫,青田縣人。元統元年進士,明初官弘文館學士,封誠意伯。正德九年追贈太師,謚文成。樊獻科(1517—1578),字文叔,號鬥山,明縉雲人。嘉靖二十六年進士,官侍御。

書高29.2釐米,寬16.6釐米。版框高21.7釐米,寬14.7釐米。每半葉十行,行二十三字。白口,四周雙邊。版心上方記"誠意伯文集",版心中部記卷次,版心下方記葉次及刻工。

卷一首葉第一行題"太師誠意伯劉文成公集卷之一",第二行題"巡按直隷監察御史縉雲後學樊獻科編次",第三行起正文。

書首有嘉靖丙辰李本"重編誠意伯文集序",嘉靖三十五年樊獻科"刻誠意伯文集引","凡例",凡例末有纂刻姓氏,"重編太師誠意伯劉文成集目録","太師誠意伯劉文成公像",劉仲璟像贊,彭韶像贊,樊獻科撰"誠意伯劉公行狀"。卷十八末有嘉靖乙卯樊獻科識語。

書中鈐"大倉文化財團藏書"朱印。

太師誠意伯劉文成公集卷之一

巡按直隸監察御史縉雲後學樊獻科編次

御書

御製慰書

今日聞知老先生尊堂辭世去矣壽八十餘歲人生在世能

有幾箇如此先生聞知莫不思歸否先生既來助我事業未

成若果思歸必當且寬於禮我正當不合解先生休去為何

此一小城中我掌綱常正宜教人忠孝却不當當先生歸去

昔日徐廣助劉先主母被曹操操將去廣云方寸亂矣乞放

我歸先主容去致使子母團圓然此先生之母若生而他處

陶學士先生文集二十卷

明弘治十三年（1500）項經刻本
DC0311六冊

明陶安撰。

陶安（1315—1368），字主敬，當塗人。官至江西省參知政事。

書高30.4釐米，寬16.9釐米。版框高20.4釐米，寬12.9釐米。每半葉十行，行十八字。上下粗黑口，雙黑魚尾，四周雙邊。上魚尾下方記"文集"及卷次，下魚尾下方記葉次。書衣書籤印"陶學士先生文集"。

卷一首葉第一行題"陶學士先生文集卷之一"，第二行空一格題"四言古詩"，下空六格題"鉛山張祜校編"，第二起正文。

書首有弘治十二年費宏"陶學士先生文集序"，"陶學士先生文集目錄"，費宏"陶學士先生事蹟"。書末有弘治十三年張祜"文集後序"。

書中鈐"此君園主人"、"尼道人"、"竹庵"、"桐楊書屋"、"大倉文化財團藏書"朱印。

陶學士□□□□集之□

四言古詩

詠鼉山 并引

銘山張祐校□

鼉山送賈公也公家武棠儒術入官應省憲宵
府朝選清望領鹽司由行省即中為兩浙轉運
使政令煥新其廉譽寡欲允人所難既蒲而歸
故作是詩以送之

鼉山蒼上魯邦是瞻篤生哲人蹈德有嚴雍容
儒紳典教于學政府遴才資其謀度河渠有書
兵戎有樞迺振憲綱迺乘倅車開省東南坐籌

翠屏集四卷

明成化十六年（1480）張淮刻明清遞修本
DC0312一函四册

明張以寧撰。

張以寧（1301—1370），字志道，自號翠屏山人，古田人。泰定中進士，元末官至翰林侍讀學士，明初官侍講學士。

書高27.8釐米，寬17.4釐米。版框高21釐米，寬14.6釐米。每半葉十一行，行二十二字。上下粗黑口，三黑魚尾，四周雙邊。上魚尾下方記 "翠屏詩" 及卷次，下兩對魚尾間記葉次。陳序末牌記鐫 "詩文一依監本博士石仲濂先生批點中間漏板不復刊行今將家本增于後成化十六年庚子歲孟冬吉旦嗣孫張淮捐俸重刊"。

卷一首葉第一行頂格題 "翠屏詩集卷之一"，下空一格題 "前國子博士門人淮南石光霽編次"，第二行題 "德慶州儒學訓導嗣孫張淮續編"，第三行題 "德慶州儒學學正後學莆田黄紀訂定"，第四行題 "德慶州判官後學閩泉莊楷校正"，第五行起正文。

書首有補刻 "明史文苑傳張以寧傳"，洪武三年誥命，洪武三年 "太祖皇帝御賜詩序"，弘治元年楊澤稽悼詩兩首，洪武三年宋濂 "張先生翠屏集序"，洪武甲戌劉三吾 "翠屏張先生文集序"，宣德三年陳璉 "翠屏張先生文集序"，洪武己巳陳南賓 "翠屏張先生詩集序"，"翠屏集目録"。書末有弘治十三年張祐 "文集後序"。

書中有墨筆録 "翠屏詩集評語"。

書中鈐 "吾聚書多矣必有好學者為吾賢子孫王偉甫識"、"大倉文化財團藏書" 朱印。

翠屏詩集卷之一

前國子博士門人維南石光霽

德慶州儒學訓導桐孫張浹編

德慶州儒學學正後學莆田黃紀訂定

德慶州判官後學閩泉莊楷校三

四言古詩

題松石圖

縈松之蒼縈石之剛昌以比德維士之良有蒼者松有剛
者石縈士之良維以比德

題松隱圖

蒼蒼蘚石謖謖雲松空山無人月明在茲我思武夷三十
六峯之子之遠攜琴昌從

翠屏詩集二卷

清初鈔本

DC0313一册

明張以寧撰。

書高26.2釐米，寬16.4釐米。無行欄。每半葉十一行，行二十二字。版心中記"翠屏詩"及卷次，版心下記葉次。不避清諱。

卷一首葉第一行頂格題"翠屏詩集卷之一"，下空一格題"前國子博士門人淮南石光霽編次"，第二行題"德慶州儒學訓導嗣孫張淮續編"，第三行題"德慶州儒學學正後學莆田黃紀訂定"，第四行題"德慶州判官後學閩泉莊楷校正"，第五行起正文。

書首有洪武三年宋濂"張先生翠屏集序"，宣德三年陳璉"翠屏張先生文集序"，書後有洪武庚午石光霽識語。

書衣墨筆題"張先生翠屏集"。書中鈐"知不足齋"、"鮑氏正本"、"鮑以文藏書記"、"董康私印"、"董康宣統建元以後所得"、"大倉文化財團藏書"朱印。

翠屏詩集卷之一　前國子博士門人淮南石光霽編次

德慶州儒學訓導嗣孫張淮續編

德慶州儒學學正後學莆田黃紀訂定

德慶州判官後學閩泉莊楷校正

四言古詩

題松石圖

翳松之蒼翳石之剛昌以比德維士之良有蒼者松有剛

者石翳士之良維以比德

題松隱圖

蒼蒼蘚石謖謖雲松空山無人月明在節我思武夷三十

六峯之子之邁攜琴昌從

竹居詩集一卷

清鈔本

DC0305一册

明王廷珪撰，明張信校正。

書高27.7釐米，寬17.8釐米。無行欄。每半葉九行，行二十字。

卷一首葉第一行題"竹居詩集"，第二行題"國子助教郡人張信校正"，第三行起正文。

書首有正德六年李傑"竹居詩集序"，"竹居詩集目録"。書末有宣德二年徐謙以"題竹居詩集後"，正德九年王卞識語。

書中鈐"大倉文化財團藏書"朱印。

竹居詩集

國子助教郡人張懋信 校

五言

登維摩寺

不辭山路遠暇日訪僧家石逕難通馬春林未見花

飛泉風外響返照嶺頭斜寺僻無羞味延賓只煑茶

秋日田家

凉生景物幽禾稼喜登秋雨順田疇足民間未耕休

飯香人共樂母飽子無憂野老朝来問床頭酒可篘

王忠文公文集二十四卷附繼志齋文藁一卷繼志齋文集藁一卷王贛齋詩藁一卷

明萬曆甲辰（三十二年，1604）張維樞刻本

DC0316二函十冊

明王禕撰。

王禕（1321—1372），字子充，號華川，浙江義烏人。官漳州府通判、翰林待制、同知制誥兼國史院編修。王紳（1360—1400），字仲縉，王禕之次子。官國子博士。

書高26.3釐米，寬16.7釐米。版框高20.4釐米，寬14.8釐米。每半葉十行，行二十字。白口，單黑魚尾，左右雙邊。魚尾上方記"王忠文公集"，魚尾下方記卷次及葉次，版心下記刻工及字數。

卷一首葉第一行題"王忠文公文集卷之一"，第二行題"鄱陽三臺劉傑編"，第三行題"廬陵銅溪劉同校"，第四行題"溫陵子環張維樞重選"，第五行起正文。

書首有洪武三年、正統六年誥命，嘉靖十八年李默"皇明詔使王忠文先生祠墓記"，楊士奇、胡翰、胡行簡、宋濂分撰"王忠文公文集序"，吳寬"王忠文公祠記"，萬曆甲辰張維樞"重刻王忠文公文集敘"，張維樞"學士忠文王公傳"，"王忠文公文集目錄"。

第二函套底部內側有光緒二十五年敏芝購書題記。

書中鈐"蕉林藏書"、"蒼巖子"、"大倉文化財團藏書"朱印。

附刻：

繼志齋文藁一卷繼志齋文集藁一卷　明王紳撰

王贛齋詩藁一卷　明王稱撰

王忠文公文集卷之一

鄱陽三臺劉　傑　編

廬陵銅溪劉　　同　校

溫陵子環張維樞重選

賦

思親賦

天台陳君敬初幼孤事母盡孝壯歲遠遊所寓之室
因名曰白雲著思親也吾內翰黃先生既為作白雲
之辭同門友王禕復造斯賦焉賦曰　仰蒼旻之寔
漠運玄化之渾淪何賦授之殊致或偏頗而不鈞撫

松雨軒集八卷

清鈔本

DC0317一函二册

明平顯撰。

平顯，生卒年不詳，字仲微，錢塘人。明洪武初，官廣西藤縣令。謫戍雲南。

書高28.6釐米，寬18.1釐米。每半葉十行，行二十字。

卷一首葉第一行題"松雨軒集卷之一"，第二行起正文。

書首有景泰元年柯暹"松雨軒詩集序"，嘉靖十九年陳霆"重刻松雨軒集序"，宣德五年張洪"松雨軒詩集敘"。書末附賦書數篇。

書中有朱筆校。書首襯葉有光緒癸未方功惠題記。

書中鈐"歙西長塘鮑氏知不足齋藏書印"、"老屋三間賜書萬卷"、"伯宛審定"、"誦芬室藏書記"、"毗陵董氏誦芬室收藏舊槧精鈔書籍之印"、"廣川書庫"、"大倉文化財團藏書"朱印。

松雨軒集卷之一

五言古詩

光霽堂

碧雞翠冥濛夕影倒滇水月出金馬東徘徊白雲裏

夷峻堂既崇爇壇塵不起書籤承素輝琴露濕烏几

我公黔寧嗣世濟忠孝美容光照隙鐸於焉燭斯理

悵望珠履榮老客思未已何當駕長風一遡秋萬里

次韻答陳叔振

橫經諸侯師韋布榮已極居依尺五天月既三百晛

琴尊樂清時圖書度高壁客來醉或歌我掌和而拍

西菴集九卷

清乾隆三十五年（1770）孫氏桂馥堂刻本
DC0720一函六册

明孫蕡著。

孫蕡（1334—1389），字仲衍，廣東順德人。洪武三年舉於鄉，旋登進士，累官工部織染局使、長虹縣主簿、翰林典籍、蘇州經歷。

書高25.3釐米，寬15.2釐米。版框高17.2釐米，寬12釐米。每半葉八行，行十七字。白口，單黑魚尾，四周雙邊。魚尾上方記 "孫西菴集"，下方記卷次，又下記葉次。書內封刻 "乾隆三十五年重鐫/孫西菴集/桂馥堂孫氏藏版"。

卷一首葉第一行題 "西菴集卷一"，第二行題 "明翰林典籍嶺南孫蕡仲衍甫著"，第三、四行題 "十五世姪孫士斗康業男/章大/光大/宗大/元大/孫/德兆/德昌/德沛/德祥/重鐫"，第五行題 "姪龍/方大/錢大/寬大校字"，第六行起正文。

書首有乾隆四十二年丁酉孫張錦方書湯先甲撰、張錦芳書 "重刻孫西菴先生集序"，乾隆三十五年梁泉敘，萬曆丁亥蔡汝賢原序，乾隆庚寅孫士斗氏 "傳"，"孫西菴遺像"、宋濂詩，"西菴集目錄"。

書中鈐 "張"、"方家書庫"、"碧琳瑯館主人"、"方功惠印"、"柳橋"、"碧琳瑯館藏書"、"大倉文化財團藏書" 朱印。

西菴集卷一

明翰林典籍嶺南孫蕡仲衍甫著

十世姪孫士斗康業男
章大德兆
光大
宗大德昌 孫德沛 重鐫
元大德祥

姪
龍大 方大
乾大 寬大 校字

文

五仙觀記

五仙觀在廣城藩治西側按郡志始建城時

西菴集 卷一　一

青邱高季迪先生詩集十八卷扣舷集一卷附錄一卷遺詩一卷鳧藻集五卷

清雍正六年（1728）文瑞樓刻本
DC0318 十冊

明高啟撰。

高啟（1336—1374），字季迪，長洲人。元末曾隱居吳淞江畔的青丘，因自號青丘子。明初受詔入朝修《元史》，授翰林院編修。

書高27.8釐米，寬18.1釐米。版框高18釐米，寬14.5釐米。每半葉十一行，行二十二字。白口，單黑魚尾，左右雙邊。魚尾下方記"青邱詩集"及卷次、類目，又下方記葉次，版心下題"文瑞樓"。《鳧藻集》內封鐫"高青邱鳧藻集文瑞樓藏板"。

卷一首葉第一行題"青邱高季迪先生詩集卷一"，第二行題"桐鄉金檀星軺輯注"，第三至四行題"姪成鼎梅均/男宏熹霞/仝校"，第五行起正文。

書首有雍正六年陳璋序，金檀序，"原序"，"青邱高季迪先生年譜"，"青邱高季迪先生詩集總目錄"，青邱先生像，像贊，例言，詩評。

《鳧藻集》目錄、卷一第一至十三葉鈔配。

書中鈐"大倉文化財團藏書"朱印。

青邱高季迪先生詩集卷一

桐鄉金 檀 星軺 輯注

姪 成鼎 梅均 仝校

男 宏熹 開霞

樂府

上之回 古今樂錄漢鼓吹鐃歌十八曲四日上之回樂府正聲漢短篇
鐃歌曲漢書武帝紀元封四年冬十月行幸雍祠五畤通回中
道遂北出蕭關歴獨鹿鳴澤自代而還幸河東師古注回中在安定北
通蕭關吳兢樂府解題漢武通回中道後數出游幸焉沈建廣題漢曲
皆美當
時之事

聖主重行幸 蔡邕獨斷天子車駕所至見令長三老官屬親臨 六蚪法乾旋
軒作樂賜以食帛民爵有級或賜田租故謂之幸
王僧孺詩迴鑾避暑宮錢謙益列朝詩
集元世每年孟夏駕幸灤京避暑七月
乃還北巡初避
暑紀元事也

東祠已祈年 禮記月令天子乃 羣官從清塵
祈來年于天宗 班固東都賦
雄甘泉賦四蒼螭兮六素虬 北巡初避暑 雨師汎灑風
續漢書天子五輅駕六馬揚

青邱詩集卷一 樂府

一

文瑞樓

春草齋詩集五卷春草齋文集六卷
附名公贊春草集歌詠一卷

明崇禎二年（1629）蕭基刻本
DC0310四册

明烏斯道著。

烏斯道，生卒年不詳，字繼善，號榮陽外史，浙江慈溪人。曾任江西永新令。

書高29釐米，寬17.5釐米。版框高21.89釐米，寬15.1釐米。每半葉九行，行二十字。白口，無魚尾，左右雙邊。版心上方記"春草齋集"，下空一格記卷次，版心下方記葉次。

卷一首葉第一行題"春草齋集卷之一"，第二行題"四明烏斯道繼善父著"，第三行題"泰和蕭基大美父選梓"，第四行起正文。

書首有崇禎二年蕭基"烏先生春草齋集序"，洪武八年宋濂"烏春草先生文集序"，解縉"題永新令烏春草集"，"春草齋詩集目録"，書後有劉憲寵"跋春草齋集"。

文集第二卷錯裝至詩集第五卷後。

書中鈐"戊戌進士"、"韓允嘉印"、"孚吉"、"雙壽堂"、"毗陵董氏誦芬室收藏舊槧精鈔書籍之印"、"淄川後學韓允嘉印記"、"三反居士"、"斯文敗子"、"廣川書庫"、"大倉文化財團藏書"朱印。

春草齋集卷之一

四明烏斯道繼善父著

泰和蕭　基大美父選梓

五言古詩

松溪漁隱

青松何矯矯溪水何泠泠中有垂綸者悠悠樂中情

灌足繁陰底涼飀吹我纓四山閴無人一鳥空中鳴

層臺肅羣仙空壇森百靈白雲被廣路瑤花繚幽扃

明月忽在水浩歌激青冥勝地東南富漁者江海盈

春草齋集　卷一　　　　　一

耕學齋詩集十二卷

清雍正元年(1723)文瑞樓鈔本
DC0314三册

    明袁華著。

    袁華(1316—?),字子英,昆山人。洪武初為蘇州府學訓導,後坐累逮系死於京師。

    書高27.5釐米,寬18.4釐米。版框高19.4釐米,寬14.2釐米。黑格鈔本。每半葉十一行,行二十二字。單黑魚尾,左右雙邊。魚尾下方記"耕學齋詩集"及卷次,版心下方記葉次,卷四版心下方印"文瑞樓"。

    卷一首葉第一行題"耕學齋詩集卷之一",第二行空八格題"崑山袁華著",下空二格題"河東吕昭編",第三行起正文。

    書首有"耕學齋詩集目録"。

    書中有朱墨筆校注籤條。書末有雍正元年朱筆識語。

    書中鈐"誦芬室藏書記"、"董康秘篋"、"毗陵董氏誦芬室收藏舊槧精鈔書籍之印"、"廣川書庫"、"大倉文化財團藏書"朱印。

耕學齋詩集卷之一　崑山袁華著　呂昭編

歸來堂者相州別駕詹矦之所作也矦年踰知命

即解印綬歸奉母夫人張于茲堂此歸來所以名

間之至樂也汝陽袁華乃作歸來堂辭以美之其

辭曰

此矦今七十有五斑衣白髮稱觴獻壽此天壤人

侯今下有一羊字

翼：兮新堂高明兮孔陽睠青龍兮東下覽鳳凰兮南翔

堂中美人兮金玉其相入直承明兮近日月之清光踰河

耕學齋詩集卷一

鼓枻藁一卷

清鈔本

DC0315一册

明虞堪著。

虞堪,生卒年不詳,字克用,一字勝伯,別字叔勝,號青城山樵,長洲人。洪武十年入滇為雲南府學教授。卒於官。

書高27.3釐米,寬16.8釐米。版框高20.2釐米,寬13.8釐米。每半葉十行,行二十一字。上下細黑口,雙黑魚尾,左右雙邊。上魚尾下方記"鼓枻藁",下魚尾上方記葉次。

卷一首葉第一行題"鼓枻藁",第二行題"元虞堪叔勝父著",第三行起正文。

書首鈔"虞廣文小傳"。

書中有墨朱藍筆校。

書中鈐"手鈔積萬卷數世之苦心流落不知處壁出絲竹音"、"得此書良不易後之人勿輕棄"、"咸豐辛酉月河丁白重整遺藉"、"歸安丁寶書鑒藏"、"吳興書富第一家丁氏"、"大倉文化財團藏書"朱印。

鼓枻藳

嚴居高士圖歌　仲本有次韻二字
元虞堪叔勝父

山高性所樂好山何厭無平生樂山夜入夢神遊歷ゝ
皆方壺浮雲滿空任舒卷把筆題詩傲軒晃長松如龍
鱗滿身風雨年ゝ長蒼蘚結巢絕愛當岩阿平地白雲
如漭波落葉蕭ゝ作飛雨自看山中秋色多日夕樵歌
響幽谷啼鳥關ゝ亂林木凡年種秫茅公山更弄漁舟
武夷曲山中過慣真脫塵但看日月不記春岩居高士
莫笑我ゝ亦本是青城人自愧長年不歸去過舜違堯

遜志齋集三十卷拾遺十卷附録一卷

明成化十六年（1480）郭紳刻本

DC0319二函十五册

明方孝孺撰。

方孝孺（1357—1402），字希直，一字希古，號遜志，浙江寧海人。官至文學博士。諡文正。

書高27.5釐米，寬15.7釐米。版框高21.5釐米，寬13.3釐米。每半葉十行，行二十二字。上下粗黑口，雙黑魚尾，四周雙邊。上魚尾下方記卷次，下魚尾上方記葉次。函套書籤鈐"書業成記發兌"印記。

卷一首葉第一行題"遜志齋集卷之一"，第二行起正文。

書首有洪武三十年林石"遜志齋文集序"，王紳"遜志齋藁序"。書末有成化己亥謝鐸後敘，成化十六年黃孔昭後敘，成化十八年張弼續後敘。

有朱筆、墨筆校注。

書中鈐"程廷湖印"、"大倉文化財團藏書"朱印。

案語：此本為兩部殘書所配，一部存卷一至二十六，凡七册。又一部存卷二十二至三十拾遺十卷附録一卷，凡二函八册。

遜志齋集卷之一

雜著

幼儀雜箴二十首有序

雜箴序

道之於事無乎不在古之人自少至長於其所在皆致謹
焉而不敢忽故行趍揖拜飲食言動有其則喜怒好惡憂
樂取予有其度或銘于盤盂或書于紳笏所以養其心志
約其形体者至詳宻矣其進於道也豈不甚歟後世教無
其法學失其本學者汨於名勢之慕利祿之誘內無所養
外無所約而人之成德者難矣予病乎此也盖久欲自其

匏翁家藏集七十七卷補遺一卷

明正德三年（1508）吳奭刻本

DC0320二函十六册

明吳寬撰。

吳寬（1435—1504），字原博，號匏庵，世稱匏庵先生，直隸長州人。成化八年進士，官至禮部尚書。

書高25.7釐米，寬16.9釐米。版框高19.6釐米，寬14.9釐米。每半葉十二行，行二十四字。白口，無魚尾，左右雙邊。版心中記"家藏集"及卷次，下方記葉次。

卷一首葉第一行題"匏翁家藏集卷第一"，第二行起正文。

書首有正德三年李東陽"匏翁家藏集序"，正德己巳王鏊"匏翁家藏集序"，"匏翁家藏集目録"。

書中鈐"荆南舊裔"、"河南褚氏家藏圖書"、"近涯子印"、"謙謙齋"、"玉堂清暇"、"卍玉山房"、"相思相見知何時此時此夜難為情"、"言雇行"、"梅華館"、"梧塍世家"、"大倉文化財團藏書"朱印。

甄翁家藏集卷第一

詩四十二首

秋日閒居

委巷寡人蹟杳無塵俗侵虛窗對高樹日午落疎陰玄蟬響方
斷好鳥復一啼俯首閱陳編直窺古人心抱沖世味薄處寂佳
境深涼風滿衣袖自起彈吾琴琴聲和以暢永日有餘音

觀溪童捕魚

江南五月黃梅雨一夜新添三尺水蓮葉東西蘆葦間斜陽映
水魚生子溪童褰裳脫雙屨一見水深心獨喜不須撒網與扠
繒捕得魚來多赤鯉鯉魚最短亦盈尺猶有老魚不知止君不
見魦鱨魴鰋乗長河去入龍門求大鮪

過南園俞氏書隱次劉祭酒先生韻二首

震澤先生集三十六卷

明嘉靖刻本
DC0321四函十六册

明王鏊著。

書高27.3釐米,寬17.4釐米。版框高17.4釐米,寬14.3釐米。每半葉十一行,行二十字,小字雙行,字數同。白口,單黑魚尾,左右雙邊。魚尾上方記類目,魚尾下方題"文集"及卷次,又下方記葉次,版心下記刻工。

卷一首葉第一行題"震澤先生集卷第一";第二行空一格題"賦",下空九格題"震澤王鏊濟之著";第三行正文。

書中鈐"大倉文化財團藏書"朱印。

震澤先生集卷第一

震澤王　鏊濟之著

賦

平閣廬賦

昔闔廬之霸吳兮卒託體乎茲丘慨往跡之日洇兮

會不可乎復求峯巒紛以相壞兮浮屠臺殿欝以相

謬叶忽平岡之圻裂兮劒池夾滄而深黑術莫測其

所窺兮仰不見乎白日兩崖欽崟而斷齧兮又嶻巌

而斗絕信天造之險巇兮為神怪之窟穴將舉首而

閟其淺深兮先魂驚而瘵栗彼呂政之雄哮兮力驅

石而填海將破山而求之兮我謌茂正德之協洽兮劒池忽

之不信兮謂往蝶之我詒茂正德之協洽兮劒池忽

石淙詩鈔十五卷附王李諸公詩一卷

清嘉慶二十一年(1816)樂恒刻本

DC0721一函六册

明楊一清著,明李夢陽輯,明康海輯。

楊一清(1454—1530),字應寧,號邃庵,別號石淙,南直隸鎮江府丹徒人。成化八年進士,官至吏部尚書、左柱國、華蓋殿大學士,為內閣首輔。李夢陽(1472—1530),字獻吉,號空同,慶陽府安化縣人。弘治七年進士,官江西按司提學副使。康海(1475—1540),字德涵,號對山、沜東漁父,陝西武功人。弘治十五年狀元,任翰林院修撰。

書高25.5釐米,寬16.1釐米。版框高18.5釐米,寬12.5釐米。每半葉十行,行二十一字。白口,單黑魚尾,左右雙邊。魚尾上方記"石淙詩鈔",下方記卷次,又下記葉次。

卷一首葉第一行題"石淙詩鈔卷一",第二行題"明安寧楊一清應寧著",第三至四行題"門人/北地李夢陽/武功康海/編輯",第五行起正文。

書首有庚午楊一清"自訟稿序"、"凡例"、"同人姓字"。書末有嘉慶二十年乙亥"石淙詩鈔後跋",嘉慶二十一年樂恒"石淙詩鈔後序"。

函套書籤墨題"石淙詩鈔楊一清著六本全/宣統三年重裝富察氏家藏"。

石淙詩鈔卷一

明安寧楊一清應寧著

門人　北地李夢陽　編輯
　　　武功康海

底柱行

長江萬餘里來自岷山巓摩空亘地不知幾千載直與
造化爭機權千載萬派時吐納滾滾下徹滄溟淵當年
神龍驅百怪宵駈晝走無停鞭巖摧峰坼在頃刻濤決
浪倒湯湯浩浩止有巨浸無平田天吳愁海若懼排清
都訴上帝帝聞日吁其可傷錫以底柱爲隄防中流無

石淙詩鈔　卷一

一

石淙詩鈔十五卷

清末民初鈔本

DC0722一函六册

明楊一清著，明李夢陽輯，明康海輯。

書高27.7釐米，寬18.2釐米。版框高15.1釐米，寬12.1釐米。每半葉十一行，行十六字。上下黑口，單黑魚尾，左右雙邊。

卷一首葉第一行題"石淙詩鈔卷一"，第二行題"明安寧楊一清應寧著"，第三至四行題"門人/北地李夢陽/武功康海/編輯"，第五行起正文。

書首有嘉慶二十一年丙子樂恒"石淙詩鈔序"，嘉靖戊子方鵬"舊序"，楊一清"自訟稿序"，"凡例"，"同人姓字"。

存卷一至八。

石淙詩鈔卷一

明安寧楊一清應寧著

門人　北地李夢陽
武功康海編輯

底柱行

長江萬餘里來自岷山巔摩空亘地不知
幾千載直與造化爭機權千載萬派時吐
納滾滾下徹滄溟淵富年神龍驅百惱宵
馳晝走無停鞭巖摧峰拆在頃刻濤決浪
倒湯湯浩浩止有巨浸無平田天吳愁海
若懼排清都訴上帝帝聞曰吁其可傷錫

甫田集三十六卷

明刻本

DC0322二函八册

明文徵明撰。

文徵明（1470—1559），初名壁，以字行，又字徵仲，別號衡山居士，長洲人。以歲貢薦翰林院待詔。

書高25.9釐米，寬17.4釐米。版框高18.9釐米，寬13.5釐米。每半葉十一行，行二十一字，小字雙行，字數同。白口，單黑魚尾，左右雙邊。魚尾下方記"甫田集"及卷次，版心下方記葉次。

卷一首葉第一行題"甫田集卷第一"，第二行題"前翰林院待詔將仕佐郎兼修國史長洲文徵明撰"，第三行起正文。

書首有王世貞"文先生傳"，傳後鐫"曾孫震孟謹録／六世孫然重梓"，"甫田集目録"。卷三十六為附録"先君行畧"。

書中鈐"大倉文化財團藏書"朱印。

甫田集卷第一

前翰林院待詔將仕佐郎兼修　國史長洲文徵明撰

詩八十首　附錄四首

秋夜

忽忽故園夢悠悠滁上城一夜耳不息水邊踈柳聲閒

門月如畫十里秋盈盈中心亂無挈散上岡頭行吳山

望不際眼角柔雲生男兒志遺世物故難爲情

故園

屋舍小山村終然思故園雨晴秋倚閣月出夜開門好

景亦時改遠人空目存梅花未消息行矣晚何言

有懷劉協中

王陽明先生全集二十卷卷首一卷

清康熙癸丑(十二年, 1673)是政堂刻本

DC0723二函二十册

明王守仁撰, 清俞嶙編。

王守仁(1472—1529), 幼名雲, 字伯安, 號陽明, 浙江紹興府餘姚縣人。官南京兵部尚書、都察院左都御史。

書高25.8釐米, 寬16.1釐米。版框高20釐米, 寬14.1釐米。每半葉九行, 行十九字。白口, 單黑魚尾, 四周雙邊。版心上方記"王陽明先生全集", 魚尾下記卷次、類目, 又下記葉次。內封刻"同里俞嵩菴重編/王陽明先生全集/是政堂藏板", 鈐"理學經濟文章"、"是政堂藏"朱印。

卷一首葉第一行題"王陽明先生全集卷之一", 第二行題"同里後學俞嶙重編", 第三行起正文。

書首有康熙十二年王令"王陽明先生全集序", 林雲銘"王陽明先生全集序", 康熙癸丑俞嶙"王陽明先生全集序", "王陽明先生全集總目"。

書中鈐"大倉文化財團藏書"朱印。

王陽明先生全集卷之一

同里後學俞嶙重編

書一 始正德己巳至庚辰

與辰中諸生 己巳

謫居兩年無可與語者歸途乃得諸友何幸何幸
方以爲喜又遽爾別去極怏怏也絕學之餘求道
者少一齊衆楚最易搖奪自非豪傑鮮有卓然不
變者諸友宜相砥礪夾持務期有成近世士夫亦
有稍知求道者皆因實德未成而先揭標榜以來

大復集三十七卷

明嘉靖袁璨刻本
DC0324四函二十册

　　明何景明撰。

　　何景明(1483—1521),字仲默,號白坡,又號大復山人,信陽滻河區人。明弘治十五年進士,授中書舍人,官至陝西提學副使。

　　書高26釐米,寬15.7釐米。版框高17釐米,寬13.4釐米。每半葉十行,行十八字。白口,雙黑魚尾,四周雙邊。上魚尾上方記卷次及類目,下魚尾上方記葉次。

　　卷一首葉第一行頂格題"大復集卷第一",下空四格題"都指揮婿袁璨刊",第二行起正文。

　　書首有嘉靖十年王廷相"大復集序",嘉靖三年唐龍"大復集序",嘉靖三年康海"大復集序",嘉靖乙卯廉渠"跋何大復先生文集",喬世寧"何先生傳",樊鵬"中順大夫山西提學副使何大復先生行狀",孟洋"中順大夫陝西按察司提學副使何君墓誌銘",《大復集》目録。

　　書中鈐"張亶安甲申收閱"、"亶安"、"張在乙印"、"大倉文化財團藏書"朱印。

大復集卷第一

都指揮婿袁煒刊

賦一十篇

渡瀘賦

景瞻崇丘巚乎相袤扃以水峽隱以大洲沙養

寒日江深夕流盖將濟於瀘水榜人告子以理

舟泝洪浚以直度迺廻颷於上游顧中原而緬

邈久西域以滯留感逆旅之長勤懷古人而增

憂想夫漢炎旣爐蜀都始家區土未闢士馬不

加深入五溪橫制三巴冐險通塞柔邇來遐收

羞髦夋以帶甲率庸盧而晢戈撻吳權之堅銳摧

遵巖先生文集二十五卷

明隆慶辛未(五年, 1571)莊國禎刻本

DC0323二函十二册

明王慎中撰。

王慎中(1509—1559), 字道思, 號遵巖居士, 泉州晉江人。嘉靖五年進士, 官至河南布政司參政。

書高28.2釐米, 寬17.9釐米。版框高18.7釐米, 寬14.4釐米。每半葉十行, 行二十字。白口, 單黑魚尾, 四周單邊。魚尾上方記"遵巖文集", 下方記卷次, 又下記葉次, 版心下方記字數。

卷一為目録, 目録第一葉鈔配。卷二首葉第一行題"遵巖先生文集卷之二", 第二行起正文。

書首有洪朝選"王遵巖文集序", 隆慶辛未莊國禎"重刊王遵巖文集序", 王遵巖文集目録。書末有隆慶辛未嚴鎡"王遵巖先生文集後序"。

書中鈐"大倉文化財團藏書"朱印。

遵巖先生文集卷之二

五言古詩

郊工頌成也

上親定南北郊之祀乃於國陽建南郊皇皇平

一代之盛觀王者之大制也作頌成二首

譔臣秉周禮納議光文昌經始撰皇覽測臬郎靈壤

於辟翼承序祇德鑒昊蒼觀文薑元命造哲煥令章

巍基摩地軸層構羅天綱營陔三奇積疏陛四維張

象形以祕規效運故秉陽蹊跪白虎守蚴螺青龍翔

宅嶽既峯峯偵河亦湯湯縣圍激神嶽蓬壺峙中央

梨雲館類定袁中郎全集二十四卷

日本元祿九年（1696）洛陽書林刻本

DC0724二十冊

　　明袁宏道著。

　　袁宏道（1568—1610），字中郎，號石公，又號六休，荆州公安人。萬曆年進士，官吏部中郎。

　　書高27.3釐米，寬17.9釐米。版框高21.9釐米，寬13.7釐米。每半葉八行，行十八字。白口，無魚尾，四周單邊。版心上記子目，中記卷次，下記葉次。書內封刻 "梨雲館類定袁中郎全集"。書末刊記鐫 "元祿九丙子年初冬穀日／洛陽書林／茨木多左衛門／梅村彌右衛門／小島市右衛門／繡梓"。

　　卷一首葉第一行題 "梨雲館類定袁中郎全集卷之一"，第三行上空一格題 "公安袁宏道中郎著"，第二至四行下空一格題 "衡陽何其謙仲益／仁和何偉然欲仙／古歙吳㳇先寧野／閱"，第五行起正文。

　　書首有 "梨雲館類定袁中郎全集目録"，何偉然 "類刻袁石公先生集紀事"，"原序"。

　　書中鈐 "湖家藏書"、"大倉文化財團藏書" 朱印。

梨雲館類定袁中郎全集卷之一

　　　　　衡陽何其譓仲益

公安袁宏道中郎著　仁和何偉然欲仙閱

　　　　　古歙吳從先寧野編

擬古樂府　附雜體

樂府之不相襲也自魏晉巳然今之作者
無異拾瀋使李杜元白見之不知何等呵
咲也卅中無事漫擬數篇詞雖不工庶不

樂府

一

宮閨組韻二卷

日本元祿七年（1694）刻本

DC0725一册

明陳圳集唐。

書高27.3釐米，寬18.1釐米。版框高20釐米，寬14.5釐米。無行欄。每半葉九行，行十八字，小字雙行，字數同。白口，單白魚尾，四周單邊。版心上記 "宮詞"，下記卷次，版心下記葉次。書內封刻 "晉安陳圳長源集唐/宮閨組韻/友人鄭汲思黯校閱"，書末鑴元祿七年刊記。

卷一首葉第一行題 "宮閨組韻卷之上"，第二行題 "晉安陳圳長源集唐"，第三行題 "友人鄭汲思黯校閱"，第四行起正文。

書首有徐渤 "宮閨組韻序"，商家梅序，崇禎丙子林弘衍 "序言"；書後有天啟改元陳圳 "自序"，陳圳識語，癸亥鶴山子 "宮閨組韻跋"。

書中鈐 "小出姓" 朱印。

宮閨組韻卷之上

晋安陳圳長源集唐

友人鄭汲思黥校閲

宮詞六十首

其一

金殿香銷閉綺籠 李商

龍池九曲遠相通 花蕊夫人

乳燕涼飛玉宇風 胡宿

語音猶在五雲中 盧綸

曙色漸分雙闕外 錢起

天樂遙聞下碧空 王建

太平天子朝元日 王涯

蟾蜍夜艷秋河月 李商

宮詞

上之卷

一

陳忠裕全集三十卷卷首一卷卷末一卷年譜三卷

清嘉慶八年(1803)斠山草堂刻本

DC0325二函十册

　　明陳子龍撰。

　　陳子龍(1608—1647),字卧子,號軼符,晚年又號大樽,華亭人。崇禎十年進士,任紹興推官,擢兵科給事中。清乾隆時追諡忠裕。

　　書高24.8釐米,寬15.6釐米。版框高17.7釐米,寬13.9釐米。每半葉十行,行二十一字,小字雙行,行三十字。白口,單黑魚尾,左右雙邊。魚尾上方記"陳忠裕全集",下方記卷次,又下記葉次。内封鐫"陳忠裕公/全集/嘉慶八年斠山草堂鋟板"。

　　卷一首葉第一行題"陳忠裕全集卷一",第二、三、四、五行題"青浦王昶德甫輯/青浦王鴻達用儀/婁縣莊師洛荇川/青浦趙汝霖惠蒼/青浦何其偉韋人/編訂",第六行起正文。

　　卷首一卷,有乾隆四十一年殉節録、專諡文,著者明史本傳,祠墓,夏允彝序二篇,周立勳序三篇,彭賓序二篇,姚希孟序,杜麟徵序,張溥序,徐鳳彩序,楊蕭序,徐孚序,宋存楠序,顧開雍序,宋徵璧序,李雯序二篇,徐世禎序,嘉慶八年王昶序,何其偉跋,凡例,總目,像贊。《年譜》三卷,書末有嘉慶八年顧元龍跋。

　　函套書籤墨題"陳忠裕公集"。書中鈐"大倉文化財團藏書"朱印。

陳忠裕全集卷一

青浦王　昶德甫輯

青浦王鴻遠用儀

婁縣莊師洛葯川

青浦趙汝霖惠蒼　編訂

青浦何其偉韋八

賦一

秋望賦　并序

僕聞淒榮之態同觀而傷搖之感獨發何則履裕者難
擾而境頹者易激也故鯨鯢震滋貴彥忘懷柯葉吟颸
羈人疾首非云大小殊途亦淺深之異致矣昔蘭臺才

陳忠裕全集　卷一　賦　一

列聖御製詩文集

清光緒五年（1879）內府鉛印本

DC0813七十六函五百三十四册

書高29.3釐米，寬17.9釐米。

卷一首葉第一行題"御製文卷第一"，第二行起正文。

各集書首有光緒五年奕訢等奏折。函套書根書籤印"元字某號/某集/第某函若干本"。書中鈐"海粟園藏書"、"吉林索綽絡氏"、"松花江上人家"朱印。

子目：

1.御製文初集四十卷總目五卷二集五十卷總目六卷三集五十卷總目六卷四集三十六卷總目四卷　清聖祖撰　清張玉書等編録

版框高18.8釐米，寬13.4釐米。每半葉六行，行十六字。魚尾上方記"御製文集"，魚尾下方記卷次，細目，又下方記葉次。書衣書套書籤各題"御製文初集"、"御製文二集"、"御製文三集"、"御製文四集"。

2.世宗憲皇帝御製文集三十卷總目四卷　清世宗撰

版框高18.8釐米，寬13.4釐米。每半葉六行，行十六字。魚尾上方記"世宗憲皇帝御製文集"，魚尾下方記卷次，細目，又下方記葉次。書衣及書套籤題"世宗憲皇帝御製文集"。

3.樂善堂全集定本三十卷　清高宗撰

版框高20釐米，寬14釐米。每半葉九行，行十七字。魚尾上方記"樂善堂全集定本"，魚尾下方記卷次，細目，又下方記葉次。書衣及書套籤題"樂善堂全集定本"。

4.御製詩初集四十四卷目録四卷二集九十卷目録十卷三集一百卷目録十二卷四集一百卷目録十二卷五集一百卷目録十二卷餘集二十卷目録三卷　清高宗撰

版框高20釐米，寬14.1釐米。每半葉九行，行十七字。魚尾上方記"御製詩初集",魚尾下方記卷次,又下方記葉次。書衣書套書籤各題"御製詩初集"、"御製詩二集"、"御製詩三集"、"御製詩四集"、"御製詩餘集"。

5.御製文初集三十卷目録二卷二集四十四卷目録二卷三集十六卷餘集二卷　清高宗撰

版框高19.9釐米,寬14釐米。每半葉九行,行十七字。魚尾上方記"御製文初集",魚尾下方記卷次,細目,又下方記葉次。書衣書套書籤各題"御製文初集"、"御製文二集"、"御製文三集"、"御製文餘集"。

6.味餘書室全集定本四十卷目録四卷隨筆二卷　清仁宗撰

版框高19.9釐米,寬14.1釐米。每半葉九行,行十七字。魚尾上方記"味餘書室全集定本",魚尾下方記卷次,類目,又下方記葉次。書衣及書套籤題"味餘書室全集定本"。

7.御製詩初集四十八卷目録六卷二集六十四卷目録八卷三集六十四卷目録八卷　清仁宗撰

版框高19.9釐米,寬14釐米。每半葉九行,行十七字。魚尾上方記"御製詩初集",魚尾下方記卷次,又下方記葉次。書衣書套書籤各題"御製詩初集"、"御製詩二集"、"御製詩三集"。

8.御製文初集十卷二集十四卷　清仁宗撰

版框高18.8釐米,寬13.6釐米。每半葉七行,行十五字。魚尾上方記"御製文初集",魚尾下方記卷次,細目,又下方記葉次。書衣書套書籤各題"御製文初集"、"御製文二集"、"御製文三集"、"御製文餘集"。

9.御製詩餘集六卷文餘集二卷　清仁宗撰

版框高18.8釐米,寬14釐米。每半葉九行,行十七字。魚尾上方記"御製詩餘集",魚尾下方記卷次,又下方記葉次。書衣書籤各題"御製詩文餘集","御製文餘集",書套籤題"御製詩文餘集"。

10.養正書屋全集定本四十卷目録四卷　清宣宗撰

版框高20釐米,寬14釐米。每半葉九行,行十七字。魚尾上方記"養正書屋全集定本",魚尾下方記卷次,又下方記葉次。書衣書套籤題"養正書屋全集定本"。

11.御製詩初集二十四卷目録四卷餘集十二卷目録二卷　清宣宗撰

版框高18.7釐米，寬14.2釐米。每半葉九行，行十七字。魚尾上方記"御製詩初集"，魚尾下方記卷次，又下方記葉次。書衣書套書籤各題"御製詩初集"、"御製詩餘集"。

12.御製文初集十卷餘集六卷　清宣宗撰

版框高18.9釐米，寬13.5釐米。每半葉七行，行十五字。魚尾上方記"御製文初集"，魚尾下方記卷次，細目，又下方記葉次。書衣書套書籤各題"御製文初集"、"御製文餘集"。

13.御製詩集八卷文集二卷　清文宗撰

版框高17.9釐米，寬13.3釐米。每半葉九行，行十七字。魚尾上方記"御製詩集"，魚尾下方記卷次，又下方記葉次。書衣書籤各題"御製詩全集"、"御製文全集"，書套籤題"御製詩文全集"。

御製文卷第一

勑諭

諭戶部

前以爾部題請直隸各省廢藩田產差部

員會同各該督撫將荒熟田地酌量變價

御製文集 卷一 勑諭 二

今思小民將地變價承買之後復徵錢糧

廣德壽重光集第一輯五種

民國九年（1920）王氏今傳是樓影印本

DC0815一函十二冊

王揖唐輯。

王揖唐（1877—1948），名賡、志洋，字什公、一堂、逸堂、慎吾，安徽省合肥市人。

書高19.7釐米，寬12.9釐米。書衣書籤題"廣德壽重光集"。書首內封印"廣德壽重光集"，內封面背面牌記印"合肥義門王氏今傳是樓校印"。

容齋千首詩卷一首葉第一行題"容齋千首詩"，第二行空二格題"合肥李天馥著"，下空二格題"男孚青/蒼較"，第三行下題"及門毛奇齡等選"，第四行起正文。

書首有民國九年王揖唐序，"廣德壽重光集第一輯目錄"。

書衣鈐"今傳是樓"朱印。

子目：

容齋千首詩八卷　清李天馥著

野香亭集十三卷　清李孚清撰

盤隱山樵詩集八卷　清李孚清撰

道旁散人集五卷附錄一卷　清李孚清撰

玉禾山人集十卷　清田實發撰

容齋千首詩

合肥李天馥著　　男　孚青蒼　軾

及門毛奇齡等選

四言

瀛臺

賜讌恭紀八章

有歲斯登有頖斯革羣生熙熙順

帝之則

皇帝曰咨咨爾百辟

牧齋初學集一百一十卷目錄二卷

明崇禎癸未（十六年，1643）燕譽堂刻本

DC0326四函二十册

清錢謙益撰。

書高25.6釐米，寬16.6釐米。版框高21釐米，寬14.8釐米。每半葉十行，行十八字，小字雙行，字數同。白口，單黑魚尾，四周單邊。魚尾下方記 "牧齋集" 及卷次，版心下方記葉次。內封鐫 "崇禎癸未歲刊行/錢牧齋先生/初學集/燕譽堂藏版"。書末鐫 "寧國府旌德縣劉入相字文華督工鐫刻"。

卷一首葉第一行題 "牧齋初學集卷第一"，第二行起正文。

書首有崇禎癸未徐增敬 "牧齋先生初學集序"，崇禎甲申曹學佺 "錢受之先生集序"，蕭士瑋 "讀牧翁集七則"，崇禎癸未瞿式耜 "牧齋先生初學集目錄後序"。

書中鈐 "大倉文化財團藏書" 朱印。

牧齋初學集卷第一

還朝詩集上 起泰昌元年九月盡一年

神宗顯皇帝遺詔於京口成服哭臨恭賦挽詞
四首

九月初二日奉

竹符領郡國王几罷音徽率土悲風動敷天泣
露晞清霜明祕器紅葉掩容衣慟哭江城暮秋
笳起落暉

其二

太姙胎而教甘盤學後臣 右江陵
張相 營齋嘗念母

牧齋有學集五十一卷

清康熙乙丑（二十四年，1685）金匱山房刻本

DC0327二函八册

清錢謙益撰。

書高24.3釐米，寬15.7釐米。版框高18.8釐米，寬13.4釐米。每半葉十行，行二十字，小字雙行，字數同。白口，單黑魚尾，左右雙邊。魚尾上方記 "牧齋有學集"，下方記卷次，又下記葉次，各卷首葉版心底部記 "金匱山房定本"。

卷一首葉第一行題 "牧齋有學集卷一"，第二行起正文。

書首有康熙甲辰鄒鎡 "有學集序"，康熙乙丑金匱山房主人述 "訂定牧齋先生有學集偶述"，"牧齋有學集定本目録"。

書中鈐 "毗陵董氏誦芬室收藏舊槧精鈔書籍之印"、"廣川書庫"、"大倉文化財團藏書" 朱印。

牧齋有學集卷一　秋槐詩集　起乙酉年盡戊子年

詠同心蘭四絕句

新粧才罷採蘭時忽見同心吐一枝珍重天公裁剪
意粧成欽拜喜盈眉

獨蒂攢花簇一心紫莖綠葉枉成林花神幻出非無
謂應與如蘭比斷金

並頭容易共心難香草真當目以蘭不比西陵凡草
木漫將啼眼引郎看

花發秋心賽合歡秋蘭心好勝春蘭花前倒挂紅鸚

牧齋有學集　卷一　一　全匱山

牧齋初學集詩註二十卷有學集詩註十四卷

清初玉詔堂刻本

DC0726二函二十册

　　清錢謙益撰,清錢曾箋註。

　　錢曾(1629—1701),字遵王,號也是翁,又號貫花道人、述古主人。錢謙益族曾孫。

　　書高28.6釐米,寬16.9釐米。版框高19.5釐米,寬14釐米。每半葉十行,行二十字,小字雙行,字數同。下粗黑口,單黑魚尾,四周單邊。魚尾上方記書名,魚尾下方記卷次,又下記葉次。內封刻"初學集箋註/玉詔堂藏板","有學集箋註/玉詔堂藏板"。

　　卷一首葉第一行題"牧齋初學集詩註卷第一",第二行題"箋後人錢曾遵王箋註",第三行題"茗南□□□□□鈔訂",第四行題"東海朱梅朗巖分校",第五行起正文。

　　書首有序,"牧齋初學集詩註目錄"。

　　有朱筆批點。

　　書中鈐"酌舫得意"、"大倉文化財團藏書"朱印。

牧齋初學集詩註卷第一

籤後人錢　曾　遵王箋訂

苕南　　　　鈔訂

東海朱　梅　朗嚴分校

吳門寄陸仲謀大絫

還朝詩集上　起泰昌元年九月盡一年

步𪞝相呼倒接䍦東阡南陌夜歸𣏌檀槽奏罷翻新

曲樺燭燒殘覆舊棋燕賞花時無主客催徵酒社有

文移謝八底事情懷惡只爲中年有別離

檀槽　譚賓錄開元中有中官白秀貞自蜀使回得

琵琶以獻其檀邏皆𣏌檀爲之温潤如玉光

初學集詩註　卷第一

牧齋初學集詩註二十卷有學集詩註十四卷

清翻刻玉詔堂本
DC0328二函十六册

　　清錢謙益撰，清錢曾箋註。

　　書高28.5釐米，寬18.3釐米。框高18.1釐米，寬14.1釐米。每半葉十行，行二十字，小字雙行，字數同。下粗黑口，單黑魚尾，四周單邊。魚尾上方記"初學集詩註"，魚尾下記卷次，版心下方記葉次。內封刻"初學集箋注/玉詔堂藏板"。有學集版框高18.5釐米，寬14釐米。每半葉十行，行二十字，小字雙行，字數同。下粗黑口，單黑魚尾，四周單邊。魚尾上方記"有學集詩註"，魚尾下記卷次，版心下方記葉次。內封刻"有學集箋注/玉詔堂藏板"。

　　卷一首葉第一行題"牧齋初學集詩註卷第一"，第二行題"箋後人錢曾遵王箋註"，第三行題"茗南□□□□□鈔訂"，第四行題"東海朱梅朗巖分校"，第五行起正文。

　　書首有序，"牧齋初學詩註目録"。

　　書中鈐"海上顧氏晉卿珍藏印"、"大倉文化財團藏書"朱印。

牧齋初學集詩註卷第一

箋後人錢　曾　遵王箋註

東海朱　梅　朗巖分校

召南　　　鈔訂

還朝詩集上　起泰昌元年　九月盡一年

吳門寄陸仲謀大參

步厓相呼倒接羅東阡南陌夜歸遲檀槽奏罷翻新

曲樺燭燒殘覆舊棋燕賞花時無主客催徵酒社有

文移謝公底事情懷惡只爲中年有別離

檀槽　譚賓錄開元中有中官白秀貞自蜀使回得
琵琶以獻其檀邏皆枒檀爲之温潤如玉光

初學集詩註　卷第一　一

梅村先生文集六十卷目録二卷

清初鈔本

DC0329十四册

清吳偉業撰。

吳偉業（1609—1672），字駿公，號梅村，別署鹿樵生、灌隱主人、大雲道人，江蘇太倉人。崇禎四年進士，授翰林編修，歷任東宮講讀官、南京國子監司業等職。入清官至國子監祭酒。

書高26.7釐米，寬17.3釐米。版框高21.2釐米，寬15.5釐米。每半葉十行，行十八字，小字雙行，字數同。白口，單黑魚尾，左右雙邊。魚尾下方記 "梅村文集" 及卷次，版心下記葉次。

卷一首葉第一行頂格題 "梅村先生文集卷一"，下空五格題 "前集一"，第二行起正文。

書首有順治庚子錢謙益序，"附録與梅村先生書"，"梅村先生文集目録"。

錢序首闕，日本大正己未天崖鈔補。

書中鈐 "許阿蒙家藏書"、"種學樓"、"慶增"、"孫從添印"、"大倉文化財團藏書" 朱印。

梅村先生文集卷一　前集一

五言古詩三十六首

○贈蒼雪

我聞昆明水天花散無數彌足凌高峰了了見

佛土法師滇海来植杖渡湘浦藤鞋員貝葉

菜青蓮吐法航下连盧講室臨玄圃忽聞金僬

鍾過江救諸若中峰古道塲浮屠出平楚通泉

繞埵除疏巖置廊廡同學有汰公兩山聞法敲

天親偕無着一朝亡其伍獨游東海上從者如

墻堵迎文開十誦廣舌滇四部說難何衙陽荅

梅村家藏藁五十八卷補遺一卷年譜四卷

清宣統三年(1911)武進董氏誦芬室刻日本皮紙印本

DC0330八册

清吳偉業撰。

書高26.8釐米,寬18.5釐米。版框高20.1釐米,寬13.2釐米。每半葉十五行,行二十八字,小字雙行,字數同。上下黑口,單黑魚尾,四周雙邊。魚尾下方記"藁"及卷次、類目,版心下記葉次。内封刻"梅村家藏藁五十八卷補一卷年譜四卷",内封背面有牌記"宣統三年武進董氏誦芬室刊"。王式通序後有書牌"武進董氏誦芬室斠梓"。

卷一首葉第一及第二行頂格大字題"梅村家藏藁卷弟一",下空十格大字題"詩前集一",第三行起正文。

書首有梅村畫像,題詞,宣統辛亥王式通序,順治庚子錢謙益序,附錄錢謙益致梅村書,"梅村家藏藁目錄"。書末有宣統辛亥董康跋及附錄。年譜前有道光二十四年徐元潤序,道光乙巳宋清壽序,"梅村先生世系"。

書中鈐"大倉文化財團藏書"朱印。

梅村家藏藁卷弟一

詩前集一

五言古詩三十八首

贈蒼雪

我聞昆明水天花散無數躡足凌高峰了了見佛土法師滇海來植杖渡
瀟湘藜鞋貫貝葉葉葉青蓮吐法航下匡廬講室臨玄圃忽聞金焦鐘過
江救諸苦中峰古道場浮圖出平楚通泉繞埤除疏巖置廊廡同學有汰
公兩山聞法鼓天親偕無著一朝古其伍獨游東海上從者如牆堵迦文
開十誦廣舌演四部設難何衡陽答疑劉少府人我將毋同是非空諸所
朗今四海內道路多射虎師於高座上瓣香祝君父欲使菩提樹徧蔭諸
國土洱水與蒼山佛教之齊魯一履遊中原五嶽問諸祖稽首香花巖岅
義足今古

塗松晚發

孤月傍一村寒潮自來去人語出短篷纜沒溪橋樹冒霜發輕刜披衣聽
雜曙簫響若鳴灘蘆洲疑驟雨漁因入浦喧農或呼門懼居然見燈火市

梅村詩集箋注十八卷

清嘉慶甲戌（十九年，1814）蘇州嚴榮滄浪吟榭刻本
DC0727二函十六册

清吳翌鳳箋注。

吳翌鳳（1742—1819），字伊仲，號枚庵、一作眉庵，別號古歡堂主人，祖籍安徽休寧，僑居吳郡。諸生。

書高28.3釐米，寬18.4釐米。版框高17.8釐米，寬13.3釐米。每半葉十行，行二十一字，小字雙行，字數同。白口，單黑魚尾，左右雙邊。魚尾上方記"梅村詩集"，下方記卷次，再下記葉次。內封鐫"吳梅邨詩集箋注/滄浪吟榭梓板"。

卷一首葉第一行題"梅村詩集箋注卷第一"，第二行上空二格題"長洲吳翌鳳撰"，下空四格題"滄浪吟榭校定本"，第三行起正文。

書首有"欽定四庫全書總目提要/梅村集"，顧湄"吳梅村先生行狀"，嘉慶甲戌嚴榮"弁言"，陳廷敬"吳梅村先生墓表"，"參閱姓氏"，"凡例"，"梅村詩集總目"，"梅村詩集目録"。

書中鈐"聽鸝山館珍藏"、"曾在南雲蔡氏聽鸝山館群籤志"、"黼臣"、"九峰後裔"、"蔡氏仲子"、"爛漫頭陀"、"丁丑以後聽鸝山館鈐印"朱印。

海村詩集箋注卷第一

長洲吳翌鳳撰

滄浪吟榭校定本

五言古詩

贈蒼雪

吾聞昆明水天花散無數側足臨高峰了了見佛土法
師滇海來植杖渡湘浦藤鞵負貝葉葉葉青蓮吐法航
下匡廬講室臨元圃忽聞金焦鐘過江救諸苦中峰古
道場浮圖出平楚通泉繞階除疏巖置廊廡同學有汰
公兩山聞法鼓天親偕無著一朝亡其伍獨遊東海上
觀者如牆堵迦文開十誦廣舌演四部設難何衡陽苔

梨洲遺著彙刊三十二種附卷首一卷

民國四年(1915)上海時中書局增刊鉛印本
DC0862一函十册

清黄宗羲撰。

書高19.9釐米,寬13.2釐米。版框高15.3釐米,寬11.5釐米。每半葉十四行,行三十一字。白口,四周單邊。版心上方記書名及卷次,又下方記葉次,版心下記"梨洲遺著"。書衣和書套籤題"梨洲遺箸彙栞"。内封印"梨洲遺著彙刊 沈維鍾署",封面背面有"宣統二年上海時中書局印行"牌記。

卷一首葉第一行題"南雷文約卷一",第二行題"餘姚黄宗羲太沖著",第三行起正文。

書首有宣統二年薛鳳昌"彙刊梨洲先生遺著緣起","梨洲遺著彙刊總目",民國四年時中書局主人增刊識語。

存五種,附卷首。

子目:

南雷文約四卷

南雷文定前集十一卷

南雷文定後集四卷

南雷文定三集二卷附錄一卷

南雷文案四卷外卷一卷

南雷文約卷一

餘姚　黃宗羲　太冲著

大學士機山錢公神道碑銘

有明朋黨之禍至於亡國論者亦止謂其遞勝遞負但營門戶罔恤國是已耳然

所以亡之故皆不能指其事實至於易代而後明也烈皇既誅魏奄列其從逆者

命宰臣司寇定為逆案首輔韓爌傷弓之後不敢任事機山錢公為物望所歸首

輔倚以裁決當時從逆之徒險拙不同拙者妒寵爭妍冰山富貴累丸不止為逆

奄所用者也險者去梯造謀經營怨毒豫雷敗著資其捲土重來之計蓋用逆奄

者也例以渠魁脅從但誅把持局面之險人不過十餘聽拙者之自去則逆案可

以不立顧險人蓋藏甚密破心無路遂使滔天括地之虐懲瀦固於鬼薪城旦之

律文公從票擬中為之點破云以望氣占風之面目誇發奸指佞之封章蓋指楊

維垣賈繼春等而為言也此與黃瓊於梁冀誅後言羣輩相黨自翼興盛腹背相

親朝夕圖謀共搆姦軌臨冀當誅無可設巧復記其惡以要爵賞其議一也逆黨

恨甚割臂而盟耽耽思以奇計中之亡何而毛帥之事起毛文龍者錢塘人遂撫

南雷文約卷一

一

梨洲遺著

于清端公政書八卷首編一卷外集一卷

清康熙四十六年（1707）于準刻本
DC0731一函十册

清于成龍撰。

于成龍（1617—1684），字北溟，號於山，山西永寧州人。崇禎十二年副榜貢生，官至兩江總督。諡清端。

書高25.8釐米，寬17.2釐米。版框高18釐米，寬13.5釐米。每半葉八行，行二十字。白口，單黑魚尾，四周單邊。魚尾上方記"于清端公政書"，下記卷次及類目，又下記葉次。

卷一首葉第一行題"于清端公政書卷之一"，第二至三行題"後學平江蔡方炳/西陵諸匡鼎編次"，第四行題"冢孫于準敬錄"，第五行起正文。

書首有康熙二十二年李中素"于清端公政書原序"，康熙癸亥劉鼎再"原跋"，"于清端公遺像"及吳琠撰題像贊，"于清端公政書目錄"。書末有康熙四十六年陳奕禧"于清端公政書跋"，蔡方炳"于清端公政書書後"，于準跋。

書衣鈐"字睦楊號松溪"朱印。書中鈐"大倉文化財團藏書"朱印。

于清端公政書卷之一

後學　平江蔡方炳

西陵諸匡鼎　編次

家孫　　于準敬錄

羅城書

條陳引鹽利弊議

看得柳屬地瘠民貧兼以猺獞雜處自入版圖

以來從無引鹽舊例因粵東積引壅滯疏通無

西堂文集二十四卷

清康熙刻本

DC0729一夾板十二册

清尤侗撰。

尤侗(1618—1704),字展成,一字同人,早年自號三中子,又號悔庵,晚號良齋、西堂老人、鶴棲老人、梅花道人等,蘇州府長洲人。康熙十八年舉博學鴻儒,授翰林院檢討。

書高25.8釐米,寬16.5釐米。版框高17.9釐米,寬13.8釐米。每半葉十行,行二十一字。白口,單黑魚尾,四周單邊。魚尾上方記 "西堂雜組" 及集次,下記卷次,又下記葉次。

卷一首葉第一行題 "西堂雜組一集",下小字題 "卷一",第二行題 "吳下尤侗展成譔",第三行起正文。

書首有 "西堂文集總目","弘覺國師語録一則",順治乙未王崇簡序,"自序",徐元文跋。

書中鈐 "大倉文化財團藏書" 朱印。

子目:

西堂雜組一集八卷

西堂雜組二集八卷

西堂雜組三集八卷

西堂雜組一集 卷一

　　　　　　　　　　吳下尤　侗展成譔

賦十首

　鴈聲賦

金風草草玉露瀼瀼荻花瑟瑟葭草蒼蒼蚤咽咽兮入

暗壁燕勞勞兮別空梁松陰陰兮喚孤鶴柳依依兮叫

寒螿于是紫塞啓朱鳥翔背金微涉瀟湘鳳凰臺上莓

苔綠鸚鵡洲中菰米黃碧鷄關下零朝雨烏鵲橋邊帶

暮霜一行兩行兮落蘆花于楚澤一聲兩聲兮冷楓葉

于吳江雜海鷗兮棲沙渚隨野鴉兮掠斜陽啼血兮疑

愚山先生全集四種八十九卷附一種六卷

康熙四十七年至乾隆四年(1708—1739)遞刻本

DC0728二函二十册

清施閏章著。

施閏章(1619—1683),字尚白,一字屺雲,號愚山、媲蘿居士、蠖齋,晚號矩齋,江南宣城人。順治六年進士,十八年舉博學鴻儒,官至江西布政司參議。

書首有魏禧"愚山先生集序",湯斌"翰林院侍讀前朝議大夫愚山施公墓誌銘",愚山先生全集校閱姓氏。

書根墨題"施愚山全集"及册次。書中鈐"梁溪秦玉齋藏書印"朱印。

子目:

1. 施愚山先生學餘文集二十八卷

清康熙四十七年棟亭刻本

書高25釐米,寬16.2釐米。版框高17.7釐米,寬13.9釐米。每半葉十一行,行二十一字,小字雙行,字數同。白口,單黑魚尾,四周雙邊。魚尾上記"愚山先生文集",下記卷次及類目,又下記葉次。內封刻"棟亭藏本/施愚山先生文集/二十八卷"。文集後牌記鐫"康熙戊子九月棟亭梓行"。

卷一首葉第一行題"施愚山先生學餘文集卷之一",第二行起正文。目錄首葉第一行題"施愚山先生學餘文集目錄",第二行題"宣城施閏章著",第三至四行題"男彥淳/彥恪仝錄輯",第五至八行題"孫琮/瑮校字/琛/碧仝校",第九行目錄。

書首有魏禧序,湯斌"翰林院侍讀前朝議大夫愚山施公墓誌銘","校閱姓氏","施愚山先生學餘文集目錄"。

2. 施愚山先生學餘詩集五十卷

清康熙四十七年棟亭刻本

版框高17.9釐米，寬13.8釐米。每半葉十一行，行二十一字，小字雙行，字數同。白口，單黑魚尾，四周雙邊。魚尾上方記"愚山先生詩集"，下方記卷次及類目，又下記葉次。內封刻"棟亭藏本/施愚山先生文集/計五十卷"。詩集後牌記鐫"康熙戊子九月棟亭梓行"。

卷一首葉第一行題"施愚山先生學餘詩集卷之一"，第二行起正文。目錄首葉第一行題"施愚山先生學餘詩集目錄"，第二行題"宣城施閏章著"，第三至四行題"男彥淳/彥恪全錄輯"，第五至八行題"孫琮/瑮校字/琛/碧全校"，第九行目錄。

書首有錢謙益"施愚山先生學餘詩集序"，"施愚山先生學餘詩集目錄"。書末有戊子梅庚跋，戊子施瑮跋。

3. 施愚山先生別集四卷

清康熙間宣城施氏刻本

版框高17.7釐米，寬13.5釐米。每半葉十一行，行二十一字。白口，單黑魚尾，四周雙邊。魚尾上方記"愚山先生別集"，下方記卷次及子目，又下記葉次。內封刻"詩話二卷雜著二卷/施愚山先生別集/本衙藏板"。

卷一首葉第一行頂格題"施愚山先生別集卷之一"，下空五格題"曾孫企/念曾校"，第二行起正文。

書首有潘思榘"序"，"施愚山先生別集目錄"。

4. 施愚山先生學餘文集七卷

清康熙間棟亭刻本

版框高16.8釐米，寬13.7釐米。每半葉十一行，行二十一字。白口，單黑魚尾，四周雙邊。魚尾上方記"愚山先生文集"，下方記卷次及子目，又下記葉次。書內封刻"棟亭藏本/施愚山先生文集/七卷"。

卷一首葉第一行頂格題"施愚山先生學餘文集卷之一"，下空三格題"曾孫企念曾校"，第二行起正文。目錄首葉第一行題"施愚山先生學餘文集目錄"，第二行題"宣城施閏章著"，第三至四行題"男彥淳/彥恪全錄輯"，第五至八行題"孫琮/瑮校字/琛/碧全校"，第九行目錄。

書首有"施愚山先生學餘文集目錄"。

5.隨村先生遺集六卷

乾隆四年刻本

版框高17.5釐米,寬13.8釐米。每半葉十一行,行二十一字,小字雙行,字數同。白口,單黑魚尾,四周雙邊。魚尾上方記"隨村先生遺集",下方記卷次及子目,又下記葉次。書内封刻"乾隆己未奉鐫/剩圃詩集/本衙藏板"。

卷一首葉第一行題"隨村先生遺集卷一",第二行起正文。目録首葉第一行題"施愚山先生學餘詩集目録",第二行題"宣城施瑮隨村著",第三行題"仁和杭世駿堇浦訂",第四行目録。

書首有乾隆元年吳芮"施隨村先生遺詩序",雍正辛亥劉沛"隨村先生遺集序","隨村先生遺集目録"。

施愚山先生學餘文集卷之一

賦

璿璣玉衡賦 有序

蓋聞載物敷仁德莫厚於配地膺圖承祚功莫
崇於敬天故上古聖皇首出庶彙推璿聰之哲鴻
濛初剖早竭仰觀之思蓋神明與造物同符而
耳目與化工合撰然於穆之體以象而克彰欽
若之心因器而悉察自羲軒在御分晝夜以清
寧及姚唐授時定支干以甲子有虞制作久備
璣衡摩詳上以齊七政之運行爛星雲於咫睫
下以資庶彙之蕃息叙人物於雍熙自非聖人

林蕙堂全集二十六卷

清康熙庚辰（三十九年，1700）刻本

DC0400七册

清吳綺著。

吳綺(1619—1694)，字園次，一字豐南，號綺園，又號聽翁。江都人。曾任湖州知府。

書高26.4釐米，寬16.5釐米。版框高17.3釐米，寬13.8釐米。每半葉九行，行二十一字。白口，無魚尾，左右雙邊。版心上方記"林蕙堂全集"及卷次，下記葉次，偶見卷次下記目次。內封鐫"陳滄洲先生重定/魯謙菴/沈樂存兩先生選/吳園次先生林蕙/堂全集/本衙藏板"。

卷一首葉第一行題"林蕙堂全集卷一"，第二、三行題"男壽潛彤本/威喜木華較訂"，第四行空一格題"延陵吳綺園次著"，第四、五、六行空十二格題"孫承烈恢祖/賡祐/苣猷豐燕/承訓守曾/揆質編輯"，第七行起正文。

書首有庚辰魯超序，康熙庚辰石頭陀大汕序，康熙庚辰沈愷序，陶之典序，康熙歲次甲子興祚原序，康熙辛未靳治荆原序，汪洪度原序，杜濬原敘，康熙丁巳魏禧"林蕙堂文集原敘"，陳維崧原敘，尤侗原敘，凡例，"聽翁自傳"，張白"傳"，王方岐"後傳"，"林蕙堂全集參訂姓氏"，"林蕙堂全集總目"。

書根墨書"林蕙堂集"及册次。書中鈐"大倉文化財團藏書"朱印。

林蕙堂全集卷一

延陵吳　綺園次著

男　壽潛彤本　鞍訂
　　威喜木華

孫　承烈恢祖　賢祐
　　芑猷

承訓守曾　編輯
　　揆質

賦

康山讀書賦

惟余生之寡偶佇退覽于中區承延陵之遺緒紹左臺

林蕙堂全集　卷一　一

鈍翁前後類稾六十二卷

清康熙十四年（1675）刻本

DC0331四函二十六册

清汪琬撰。

汪琬（1624—1691），字苕文，號鈍庵，初號玉遮山樵，晚號堯峰，小字液仙。長洲人，順治十二年進士，歷官户部主事、刑部郎中、翰林院編修。

書高25.9釐米，寬17釐米。版框高18.8釐米，寬13.6釐米。每半葉十行，行十九字。上下粗黑口，雙黑魚尾，左右雙邊。上魚尾下方記"類稾"及卷次，下魚尾下記葉次。書内封刻"鈍翁前後類稾/内稾五十卷/外稾十二卷"。

卷一首葉第一行頂格題"鈍翁前後類稾卷一"，下空六格題"詩稾一"，第二行起正文。

書首有計東甫序，鈍翁五十歲像及薛熙贊，同校前後續稾姓氏，康熙十四年"鈍翁自題類稾六則"，"鈍翁前後類稾總目"。書末有康熙十五年汪繩武跋。

卷六十二第四葉起有殘，後人鈔補。

書中鈐"大倉文化財團藏書"朱印。又有兩印為後人塗去不可辨。

鈍翁前後類彙卷一

詩彙 一

古今詩一 自順治辛卯歲 八年至十五年 起至戊戌歲止

擬唐人詩八首

陳正字子昂感遇

桃李無勁質松柏無華姿炎暑屢代謝所遇各有
時大化既已然知巧安得施鸞鳩與鵬鳥高下徒
相嗤惟應達生者委運任所之

李翰林白飲酒

秋風吹片雲飛墮孫楚樓昔賢去已久遺恨甌滄
洲惟餘樓前月影逐江水流江水自西來與月空

湖海樓全集五十卷

清乾隆乙卯（六十年，1795）浩然堂刻本
DC0730 十二冊

清陳維崧著。

陳維崧（1625—1682），字其年，號迦陵，宜興人。清初諸生，康熙十八年舉博學鴻詞，授翰林院檢討。

書高28.7釐米，寬17.3釐米。版框高18.5釐米，寬13.5釐米。每半葉十行，行二十一字。白口，單黑魚尾，左右雙邊。魚尾下方記 "湖海樓某集" 及卷次、類目，又下記葉次。書衣書籤題 "湖海樓全集"。書內封刻 "乾隆乙卯新鐫/湖海樓全集/浩然堂藏板"，鈐 "嬭嬛妙境" 朱印。

詞集卷一首葉第一行題 "湖海樓詞集卷第一"；第二行上空一格題 "宜興陳維崧其年著"，下空一格題 "從孫淮同男懿本/崇本/栐本編校"；第三行起正文。

書首有康熙二十八年徐乾學序，乾隆六十年孫淮序，蔣永修撰 "陳檢討迦陵先生傳"，蔣景祁撰 "迦陵先生外傳"，"湖海樓全集目次"。

全集計詩十二卷詞二十卷文六卷儷體文十二卷。

闕詩集十二卷。

書中鈐 "廖見亭讀一過" 朱印。

湖海樓詞集卷第一

宜興陳維崧其年著　從孫淮同男 懿本崧本檪本 編校

小令

　竹枝

　　粵東詞

番君廟後鷓鴣飛素馨花落蠻娘歸

花田三月黎人多珠江無風春自波

羅浮人家紅蕉布誰裁郎衣儂所作

檳榔酒釀鬱林春鬱林女兒多絳唇

望江南

曝書亭集八十卷附錄一卷附笛漁小藁十卷

清康熙五十三年(1714)刻本

DC0332二函十二册

清朱彝尊撰,清朱昆田撰。

朱昆田(1652—1699),字文盎,號西峻,秀水人。朱彝尊子。

書高27.4釐米,寬17.9釐米。版框高19.4釐米,寬13.3釐米。每半葉十二行,行二十三字,小字雙行,字數同。白口,單黑魚尾,左右雙邊。魚尾下方記"曝書亭集"及卷次,版心下記葉次。書內封刻"曝書亭集"。

卷一首葉第一行題"曝書亭集卷第一",第二行題"秀水朱彝尊錫鬯",第三行起正文。

書首有王士禎原序,魏禧原序,查慎行原序,曹爾堪詞原序,葉舒崇詞原序,柯維楨"蕃錦集原序","曝書亭集目録"。

書中鈐"欸梅花館"、"簡園鑑賞"、"省衣節食所購願後人能謹守"、"卓嵒所藏"、"眉叔"、"臣泉"、"大倉文化財團藏書"朱印。

曝書亭集卷第一

秀水朱彝尊 錫鬯

賦

謁孔林賦

粤以屠維作噩之年我來自東至於仙源斯時也壇杏花繁

庭檜甲坼元和之犧象畢陳闕里之榛薉盡闢既釋菜於廟

堂旋探書於屋壁乃有百石卒史導我周行牽車魯城之北

緤馬洙水之陽即大庭之遺庫循端木之故場驕孫祔乎居

前聖子蔵兮在左自黃玉之封緘闔幽宫而密鎖隕長鯨兮

不驚惕祖龍兮遠禍除荊棘之叢生罕翔禽之飛墮雨露既

濡遲景東隅整衣裳之蕭蕭正顏色之愉愉展謁方終誕尋

往蹟超白兔之深溝撫青羊之卧石爰有草也苞箸其名守

又一部

DC0732二函十二册

無笛漁小藁十卷。

書高26.3釐米,寬17.1釐米。版框高19.3釐米,寬13.4釐米。無內封。

書首有王士禛原序,魏禧原序,查慎行原序,曹爾堪詞原序,葉舒崇詞原序,柯維楨"蕃錦集原序","竹垞先生像"及龔翔麟題詞,康熙戊子潘耒序,"曝書亭集目録"。書末有墓誌銘。

書中鈐"大倉文化財團藏書"朱印。

曝書亭集卷第一

　　　　　　　　　　秀水　朱彝尊　錫鬯

賦

　謁孔林賦

粵以屠維作噩之年我來自東至於仙源斯時也壇杏花繁
庭檜甲坼元和之犧象畢陳闕里之榛蕪盡闢既釋菜於廟
堂旋探書於屋壁乃有百石卒史導我周行牽車魯城之北
緤馬洙水之陽即大庭之遺庫循端木之故場驕孫祔乎居
前聖子藏令在左自黃玉之封緘閟幽宮而密鎖隤長鯨兮
不驚憚祖龍于遠禍除荊棘之叢生罕翔禽之飛隆雨露既
濡遲景東隅整衣裳之肅肅正顏色之愉愉展謁方終誕尋
往蹟超白兔之深溝撫青羊之卧石爰有草也苞著其名守

帶經堂集七編九十二卷

清康熙辛卯（五十年，1711）七略書堂刻本
DC0733四函十九册

清王士禎撰，清程哲編。

書高27.7釐米，寬17.7釐米。版框高18.5釐米，寬14釐米。每半葉十行，行十九字，小字雙行，行二十五至二十七字不等。白口，單黑魚尾，左右雙邊。魚尾下方記子目及卷次，又下方記葉次。

卷一首葉第一行頂格題 "帶經堂集卷一"，下空五格題 "歙門程哲校編"，第二行題 "新城王士禎貽上"，第三行起正文。

書首有程哲 "帶經堂集序"，漁洋先生遺像，像背面有辛卯林佶識語，"帶經堂全集總目"。

闕《漁洋集》詩卷十四至二十二。

書中鈐 "大倉文化財團藏書" 朱印。

子目：

漁洋集：詩二十二卷續詩十六卷文十四卷

蠶尾集：詩二卷續詩十卷文八卷續文二十卷

帶經堂集卷一　　歙門人程哲校編

漁洋詩一 丙申稿　　新城王士禎貽上

幽州馬客吟歌 五曲

蚜鬚鐵褵褳來往城闕東臂上黃鶹子胯底綠騘
駸

鶹子喜秋風一日三奮飛憐馬走千里脫轡不言
饑

相逢南山下載獫從兩狼共作幽州語齊醉湖姬
旁

漁洋山人精華録箋注十二卷箋注補一卷

清乾隆鳳翽堂刻本

DC0333一函六册

清王士禛撰,清金榮箋注,清徐淮纂輯。

書高27.1釐米,寬17.5釐米。版框高18.6釐米,寬15.2釐米。每半葉十一行,行二十字,小字雙行,行三十字。白口,單黑魚尾,左右雙邊。魚尾下方記"精華録箋注"及卷次,又下記葉次,各卷首葉版心下記"鳳翽堂"。

卷一首葉第一行題"漁洋山人精華録箋注卷第一",第二行題"中吳金榮林始箋注",第三行題"徐淮岱陽纂輯",第四行起正文。

書首有錢謙益序,錢謙益"古詩一首贈王貽上士禛",附録,凡例,漁洋山人戴笠像,梅庚像贊,宋犖"皇清誥授資政大夫經筵講官刑部尚書阮亭王公暨原配誥贈夫人張夫人合葬墓誌銘",王扆"皇清誥授資政大夫經筵講官刑部尚書王公神道碑銘","漁洋山人精華録箋注總目",漁洋山人年譜。

書中鈐"大倉文化財團藏書"朱印。

漁洋山人精華錄箋注卷第一

　　中吳金榮林始箋注

　　徐淮岱陽纂輯

順治丙申　漁洋

集

對酒〔古辭晉魏樂奏武帝所賦對酒歌太平甚旨言王者德洋廣被政理人和萬物咸遂若渠范雲對酒心自足則言但當為〕

樂物絢名

自欺也

對酒歌慷慨〔古樂府魏武短歌行對酒當歌人生幾何又慨當以慷憂思難忘〕

得睹太平〔夏樹芳詞林海錯漢書三登曰太平非史積諸九稔謂之太平記〕皇帝陛下惟樂康　使

自我屬有生共

秦始皇本紀臣等上尊號曰皇帝〔高祖本紀五年尊漢王為皇帝〔按高起王陵曰陛下慢而侮人刺客傳曰願陛下少假借之則陛下之稱非始自漢史察監獨斷曰天子近臣稱之陛下者而告之因卑達尊之意上書亦然箋辭九歌君欣欣兮樂康

欲指斥天子故以在陛下者稱之

樂康宮麻治丞相無私人〔漢書百官公卿表相國丞相秦官有左右高帝即位置一丞相諸諫〕

鳳翔堂

綿津山人詩集二十二卷附楓香詞一卷

清康熙刻本

DC0734一函六册

清宋犖撰。

宋犖(1634—1713),字牧仲,號漫堂、西陂、綿津山人,晚號西陂老人、西陂放鴨翁。漢族,河南商丘人。順治四年,應詔以大臣子列侍衛,官至吏部尚書。

書高26.2釐米,寬16.9釐米。版框高18.4釐米,寬13.5釐米。每半葉十行,行十九字,小字雙行,字數同。白口,雙黑魚尾,四周單邊。上魚尾上方記"綿津山人詩集",下方記卷次及細目,下魚尾下方記葉次。內封題"綿津山人詩集"。

卷一首葉第一行題"綿津山人詩集卷一",第二行題"商丘宋犖牧仲",第三行起正文。

書首有康熙二十七年汪琬序,劉榛序,王鐸"古竹圃稿序",侯方域"古竹圃稿序",張自烈"嘉禾堂稿序",吳偉業"將母樓稿序",高珩"雙江倡和集序",王士禛"雙江倡和集序",汪琬"雙江倡和集序",王士禛"回中集序",宋犖"聯句集小引",王士禛"西山倡和集序",湯斌"西山倡和集序",宋犖"嘯雪集小引",《綿津山人詩集》目錄。

書中鈐"大倉文化財團藏書"朱印。

綿津山人詩集卷一

商丘　宋　犖牧仲

古竹圃稿

擬古五首

鳳凰覽德輝羽翼昭文章五雲橫清漢千仞恣翱
翔梧桐始一棲竹實始一嘗秉身旣有德豈在荊
棘傍紛紛鷄與鶩徒知謀稻粱

人生宇宙間譬若地上蓬飄搖無根蔕到處隨天
風莊周古達士栩栩觀無窮一身忽變化萬事孰
要終飲酒被紈素長嘯脫樊籠

綿津山人詩集　卷一古竹圃稿　　一

古歡堂集二十二卷

清康熙德州田氏刻本

DC0735一函六册

清田雯撰。

田雯（1635—1704），字紫綸，一字子綸，亦字綸霞，號漪亭，自號山薑子，晚號蒙齋。山東德州人。康熙三年進士，歷官中書舍人、提督江南學政、江蘇巡撫。

書高26釐米，寬17.3釐米。版框高19.8釐米，寬14.5釐米。每半葉十一行，行二十一字。上下粗黑口，單黑魚尾，左右雙邊。魚尾下方記類目及卷次，版心下方記葉次。

卷一首葉第一行題"古歡堂集"，下小字題"雜著卷一"，第二行題"濟南田雯綸霞"，第三行起正文。

書首有"古歡堂集總目錄"，"古歡堂集雜著目次"。

古歡堂集　雜著卷一

　　　　　　　　　濟南田　雯綸霞

論詩

讀卜商毛詩序知古今來文章之大莫善於詩
鼓吹曲辭謡雜體五色相宣八音協暢詩家所必采
也四言自曹氏父子王仲宣陸士衡諸人後唯陶公最
高停雲榮木等篇殆突過建安劉後村之言當矣
學詩者言漢魏六朝兩宋諸家何不直學三百篇
二南含蓄無盡齒風景在目前衞風碩人秦風小戎東
山零雨用意婉厚妙不容說今之作詩者皆可神明變
化而學之它如鹿鳴鵃弁之宴好黍離有菶之哀傷呡

敬業堂詩集五十卷

清康熙刻本

DC0334二函十册

清查慎行撰。

查慎行（1650—1727），初名嗣璉，字夏重，號查田，後改名慎行，字悔餘，號他山，賜號煙波釣徒，晚年居於初白庵，故又稱查初白。浙江海寧人。康熙四十二年進士，特授翰林院編修，入直內廷。

書高26.8釐米，寬16.9釐米。版框高17.5釐米，寬13.1釐米。每半葉十一行，行二十一字，小字雙，行字數同。白口，單黑魚尾，左右雙邊。魚尾下方記"敬業堂詩集"及卷次，下記葉次。書內封刻"敬業堂集"。

卷一書葉首行題"敬業堂詩集卷一"，第二行題"海寧查慎行悔餘"，第三行起正文。

書首有唐孫華序，王士禛、楊雍建、黃宗炎、陸嘉淑、鄭梁原序，"敬業堂詩集總目"。

書中鈐"曾存定府行有恒堂"、"大倉文化財團藏書"朱印。

敬業堂詩集卷一

慎旃集上﹙盡巳未一年﹚

海寧 查慎行 悔餘

巳未夏同邑楊以齋先生以副憲出撫黔陽招余
入幕時西南餘寇未殄警急烽烟傳聞不一而余
忽爲萬里之行其在陟岵之詩曰尚慎旃哉由來
無棄夫當行役之時不忘父母兄弟而終以危苦
之辭讀其詩者傷其志焉余不幸早失怙恃終遠
兄弟麻衣被體瞻望連洏因取慎旃以命集自屬
也亦以慰予季也自巳未迄壬戌首尾三年凡如
干首釐爲三卷

又一部

DC0739二函十二册

書高27.2釐米，寬17.8釐米。版框高17.6釐米，寬13.2釐米。

書首有王士禎、楊雍建、黃宗炎、陸嘉淑、鄭梁原序，"敬業堂詩集總目"。

敬業堂詩集卷一

海寧　查慎行　悔餘

慎旃集上 一年盡巳未

巳未夏同邑楊以齋先生以副憲出撫黔陽招余
入幕時西南餘寇未殄警急烽烟傳聞不一而余
忽爲萬里之行其在陟岵之詩曰尚慎旃哉由來
無棄夫當行役之時不忘父母兄弟而終以危苦
之辭讀其詩者傷其志焉余不幸早失怙恃終遠
兄弟麻衣被體瞻望漣洏因取慎旃以命集自勵
也亦以慰予季也自巳未迄壬戌首尾三年凡如
干首釐爲三卷

敬業堂詩集卷一

一

御製文集四十卷總目五卷

清康熙五十三年(1714)內府刻本

DC0736一函十二册

清聖祖撰,清張廷玉等編録。

清聖祖(1654—1722),愛新覺羅氏,諱玄燁。清代第四位皇帝,年號康熙,在位六十一年。

書高22.8釐米,寬14.4釐米。版框高18.6釐米,寬13.4釐米。每半葉六行,行十六字。白口,單黑魚尾,四周雙邊。魚尾上方記"御製文集",魚尾下方記卷次及類目,版心下方記葉次。各卷卷尾題"巡撫山東等處地方督理營田兼理軍務都察院右副都御史臣蔣陳錫/翰林院編修臣蔣溥謹校刊"。

卷一首葉第一行題"御製文集卷第一",第二行起正文。

書首有康熙五十三年蔣溥進表,康熙五十年開載編録諸臣名銜,"御製文集總目"。

書中鈐"國子監印"(滿漢蒙文)、"國子監八學官書"朱印。

附印:

交輝園遺稿一卷

清雍正刻本

清和碩怡賢親王撰

胤祥(1686—1730),愛新覺羅氏,清聖祖第十三子,滿洲正藍旗人,封和碩怡親王。謐賢。

版框高18.3釐米,寬13.5釐米。每半葉六行,行十六字。白口,單黑魚尾,四周雙邊。魚尾上方記"交輝園遺稿",版心下方記葉次。

首葉第一行題"交輝園遺稿",第二行題"和碩怡賢親王",第三行正文。

書首有"交輝園遺稿目録"。

案語:康熙五十三年內府合刻《御製文》第一至第三集,此本僅存初集。與《交輝園遺稿》一卷合印。

御製文集卷第一

勅諭

　諭戶部

前以尔部題請直隷各省廢藩田產差部

員會同各該督撫將荒熟田地酌量變價

今思小民將地變價承買之後復徵錢糧

御製文集四十卷總目五卷二集五十卷 總目六卷三集五十卷總目六卷

清康熙五十三年（1714）內府刻本

DC0737六函七十八冊

清聖祖撰，清張廷玉等編録。

書高28.2釐米，寬17.5釐米。版框高18.6釐米，寬13.4釐米。每半葉六行，行十六字。白口，單黑魚尾，四周雙邊。魚尾上方記 "御製文集"，魚尾下方記卷次及類目，版心下方記葉次。內封及書衣書籤題 "御製文集"。各卷卷尾題 "巡撫山東等處地方督理營田兼理軍務都察院右副都御史臣蔣陳錫/翰林院編修臣蔣漣謹校刊"。

卷一首葉第一行題 "御製文集卷第一"，第二行起正文。

書首有 "御製文集總目"，康熙五十年開載編録諸臣名銜。書後有康熙五十三年蔣漣進表。

御製文集卷第一

勑諭

敕諭戶部

前以尔部題請直隸各省廢藩田産差部

員會同各該督撫將荒熟田地酌量變價

今思小民將地變價承買之後復徵錢糧

御製文集　卷一　勑諭　一

御製文集四十卷總目五卷二集五十卷總目六卷三集五十卷總目六卷四集三十六卷總目四卷

清康熙五十三年至雍正十年（1714—1732）內府刻本

DC0738六函四十四册

清聖祖撰，清張廷玉等編録，清允禄等續編録。

書高28釐米，寬16.8釐米。版框高18.6釐米，寬13.4釐米。每半葉六行，行十六字。白口，單黑魚尾，四周雙邊。魚尾上方記 "御製文集"，魚尾下方記卷次及類目，版心下方記葉次。初集至三集每集書尾題 "巡撫山東等處地方督理營田兼理軍務都察院右副都御史臣蔣陳錫/翰林院編修臣蔣漣謹校刊"。

卷一首葉第一行題 "御製文集卷第一"，第二行起正文。

書首有康熙五十三年蔣漣進表，"御製文集總目"。書末有康熙五十年開載編録諸臣名銜。第四集書末有雍正十年開載編校諸臣名銜。

御製文集卷第一

勅諭

諭戸部

前以尔部題請直隷各省廢藩田産差部

員會同各該督撫將荒熟田地酌量變價

今思小民將地變價承買之後復徵錢糧

御製文集　卷一　勅諭　一

義門先生集十二卷附録一卷家書四卷

清宣統元年 (1909) 平江吳氏刻本

DC0335六册

清何焯撰。

何焯 (1661—1722),字屺瞻,晚號茶仙,江蘇長洲人。康熙四十一年召直南書房,明年賜進士,改翰林院庶吉士,授編修。卒,贈侍講學士。

書高26.7釐米,寬15.8釐米。版框高18釐米,寬12.9釐米。每半葉十行,行二十三字,小字雙行,字數同。白口,單黑魚尾,四周雙邊。魚尾上方記 "義門先生集",魚尾下記卷次,版心下方記葉次。書衣朱印 "義門先生集"。書內封刻 "何義門先生集十二卷/吳興徐鳳銜題",內封背面有牌記 "宣統元年己酉秋平江吳氏刊於廣州"。家書內封刻 "何義門先生家書四卷",內封背面牌記刻 "宣統元年己酉平江吳氏刊於廣州華陽王秉恩署耑"。

卷一首葉第一行頂格題 "義門先生集卷一",下小字題 "序壽序",又下空五格題 "吳縣吳蔭培校刊",第二行題 "元和韓崇歸安吳雲吳江翁大年同輯",第三行起正文。

書首有何義門先生像,許槤像贊,"義門先生集目録"。書末有 "義門弟子姓氏録",道光十八年潘世恩 "義門先生小集序",道光庚戌吳雲 "義門先生小集跋"。家書末有吳蔭培 "擬補蘇州府志何焯傳",宣統己酉吳蔭培跋。

書中鈐 "大倉文化財團藏書" 朱印。

義門先生集卷一　序　壽序　　　　　　　　　　吳縣吳蔭培校刊

郭鯤溟先生詩集序

元和韓崇歸安吳雲吳江翁大年同輯

鄉先生鯤溟郭公初筮仕爲袁州理官會嚴氏新敗世蕃不

之成所爲橫于鄉如平時公盡廉得其不道狀南京御史林

潤以聞卒論如法能使萬物吐氣至今婦孺猶道公之名氏

余初意公爲人發姦摧豪峭特敢決殆趙子都朱子元之流

及從其後人得公穆宗初元爲吏部屬應詔陳言皆務引大

體疏暢洞達有儒先君子之風乃知公所蘊宏遠非僅意氣

激發快一時之人心者也既而其五世孫鸞重刻公詩集四

義門先生集　卷一　　一

飴山全集五種三十八卷附一卷

清乾隆因園遞刻彙印刻本

DC0740二函十册

清趙執信撰。

趙執信（1662—1744），字伸符，號秋穀，晚號飴山，山東益都人。康熙十八年進士，官至右春坊左贊善兼翰林院檢討。

書高24.5釐米，寬15.6釐米。

子目：

1.飴山詩集二十卷

版框高17.5釐米，寬12.7釐米。每半葉十行，行二十一字。白口，單黑魚尾，四周單邊。魚尾下方記"飴山詩集"，又下方記葉次。內封鐫"飴山詩集/乾隆壬午新鐫/因園藏板"。

卷一首葉第一行題"飴山詩集卷之一"，第二行題"青州趙執信"，第三行起正文。

書首有甲戌盧見曾"飴山詩集序"，"飴山詩集總目"。

2.禮俗權衡二卷

版框高17.6釐米，寬12.4釐米。每半葉十行，行二十一字。白口，單黑魚尾，左右雙邊。魚尾上方記"禮俗權衡"，魚尾下方記卷次，版心下方記葉次。

卷一首葉第一行題"禮俗權衡卷上"，第二行題"益都趙執信柴叟著"，第三行起正文。

書首有康熙己丑趙執信"禮俗權衡序"。

3.飴山文集十二卷附錄一卷

版框高17.6釐米，寬12.4釐米。每半葉十行，行二十一字。白口，單黑魚尾，左右雙邊。魚尾上方記"飴山文集"，魚尾下方記卷次，版心下方記葉次。內封鐫"飴山文集/乾隆甲午秋七月/因園藏板"。附錄後有"吳門近文齋穆局刻"刊記。

卷一首葉第一行題"飴山文集卷之一"，第二行題"青州趙執信”，第三行起正文。

書首有乾隆壬午閔鶚元“飴山文集序”，乾隆癸巳王鳴盛“飴山文集序”，乾隆甲戌沈起元序，“飴山文集總目”。

4.聲調譜二卷續譜一卷

版框高17.6釐米，寬12.7釐米。每半葉十行，行二十一字。白口，單黑魚尾，四周單邊。魚尾下方記“聲調前譜”，版心下方記葉次。內封鐫“飴山先生別集/聲調譜/因園藏板”。附錄後有“吳門近文齋穆局刻”刊記。

卷一首葉第一行題“聲調前譜”，第二行起正文。

書首有乾隆戊午仲是保“聲調譜序”，“聲調譜論例”，聲調譜目錄。

5.談龍錄一卷

版框高16.2釐米，寬12釐米。每半葉九行，行十九字。上下粗黑口，單黑魚尾，左右雙邊。魚尾下方記“談龍錄”，又下方記葉次。內封鐫“談龍錄/乾隆甲午秋七月/因園藏板”。

卷一首葉第一行題“飴山文集卷之一”，第二行題“青州趙執信”，第三行起正文。

書首有康熙己丑趙執信“談龍錄序”。

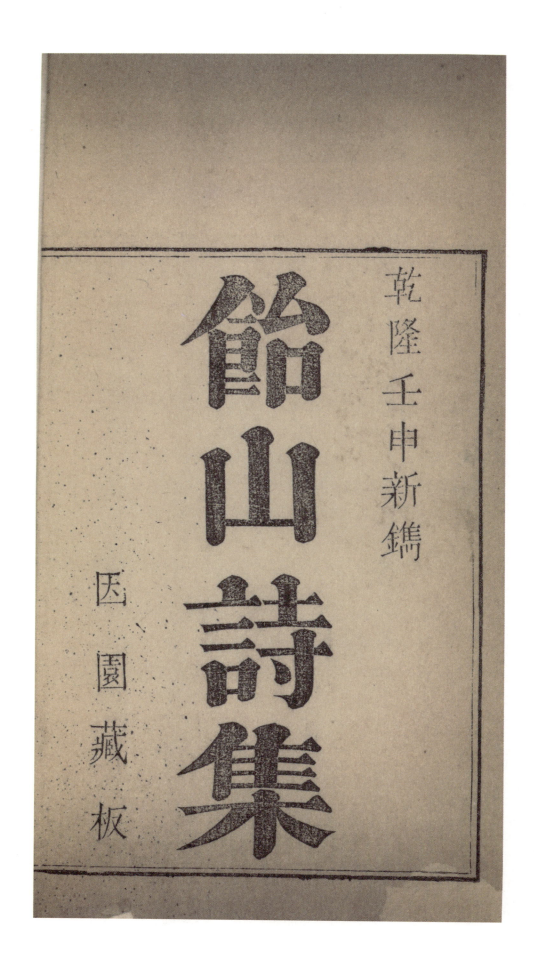

飴山詩集卷之一　　青州趙執信

許門集　古律雜歌詩四十七首

督亢懷古

燕丹昔逃秦身免怨未雪千金求死士快意期一決徒
逞匹夫憤焉知霸王烈我聞燕先王築臺市駿骨晚得
昌國君雄心一朝齚全齊七十城紛如槁葉脫但隆郭
隗禮不灑田光血豈有能羆臣輕試虎狼穴可憐易水
上壯士衝冠髮事敗國旋亡寂莫名未滅

陘陽驛雨甚行橐皆濕興中聊述

秀埜草堂詩集六十六卷并刻年譜附錄

清道光二十八年（1848）潯州郡署重刻本

DC0336二十册

清顧嗣立撰。

顧嗣立（1665—1722），字俠君，號閭丘，江蘇長洲人。康熙五十一年進士，選庶吉士，散館授知縣，移疾而歸。

書高26.1釐米，寬15.5釐米。版框高18.2釐米，寬13.1釐米。每半葉十一行，行二十二字，小字雙行，字數同。白口，單黑魚尾，左右雙邊。魚尾下方記"秀埜草堂詩集卷一"及卷次，下記葉次。內封鐫"道光戊申孟夏/秀埜草堂詩集/年譜詩話並刻/潯州郡署重刊"。

卷一首葉第一行題"秀埜草堂詩集卷一"，第二行題"長洲顧嗣立俠君"，第三行起正文。

書首有康熙乙亥張大受"秀野草堂集序"，"秀埜草堂記"，朱彝尊"秀埜草堂記"，張雲章"小秀埜集序"，宋犖"金焦集序"，邵長蘅"金焦集序"，朱彝尊"山陰集序"，魏坤"大小雅堂集序"，朱彝尊"噉荔集序"，徐永宣"桂林集題詞"，顧嗣立"桂林集自序"，王苹"嵩岱集序"，顧嗣立"寒廳詩話自序"，"秀埜草堂詩集目錄"。詩集末有道光二十八年顧元凱跋。

合刻：

秀埜公自訂年譜一卷　清顧嗣立撰

通奉公年譜一卷

　附古岡初政錄一卷　清顧嗣協撰

滌齋公自訂年譜一卷　清顧若曾撰

秀埜草堂合編一卷

玉臺集新刻二卷　清顧嗣協輯

瀾溪贈詠一卷

閒餘吟稿一卷　清顧瑛著

晉游小草一卷　清顧瑛著

閒餘雜錄一卷　清顧瑛著

秀埜草堂詩集卷一

長洲 顧嗣立 俠君

秀埜集康熙戊辰正月
起丁亥七月止

言懷十首

蒼蒼者高天滔滔者長川熙熙者運植汩汩者歲年萬物
性不齊而人獨異焉銅山羨敵國駟馬希登仙齊心抱所
願役役不得安清飈撼庭樹白雲宿簷端獨坐發長嘯舉

世艮慨然

屈生沈汨羅項王陷大澤明妃窮盧老李廣刎頸殷荒荒
千載恨令我日夜積悲歌入青雲拍按呌淯白天公奐不
應硯碌碌何時釋起登廣武山慟哭追阮籍

秀埜草堂詩集卷一

一

世宗憲皇帝御製文集二十卷

清乾隆內府刻本

DC0741一函六册

清世宗撰。

書高27.5釐米,寬17釐米。版框高18.5釐米,寬13.3釐米。每半葉六行,行十六字。白口,單黑魚尾,四周雙邊。魚尾上方記"世宗憲皇帝/御製文集",魚尾下方記卷次及類目,版心下方記葉次。

卷一首葉第一行題"世宗憲皇帝御製文集卷之一",第二行起正文。

書首有"世宗憲皇帝御製文集總目"。

書中鈐"黃氏立生"、"立生"、"甲子寇燹之餘"、"葳□□辰丁□□午辛酉寇燹餘爐"朱印。

世宗憲皇帝御製文集卷之一

敕諭

諭總督

自古帝王疆理天下必有岳牧之臣以分
猷佐治而後四方寧謐共臻上理此封疆
大臣以總督為最重也總督地控兩省權

香草齋詩註六卷

清嘉慶甲戌 (十九年, 1814) 永陽戀窩刻本
DC0744一函八册

清黃任著, 清陳應魁註。

黃任 (1683—1768), 字於莘, 又字莘田, 號十硯, 永福人。康熙四十一年舉人, 官廣東四會知縣。

書高22.8釐米, 寬15.7釐米。版框高18.5釐米, 寬13.4釐米。每半葉十行, 行二十二字, 小字雙, 行字數同。白口, 單黑魚尾, 四周雙邊。魚尾上方記 "香草齋詩註", 魚尾下方記卷次, 版心下方記葉次。內封鐫 "嘉慶甲戌鐫/香草齋詩註/永陽戀窩藏板"。

卷一首葉第一行題 "香草齋詩註卷一", 第二行題 "永福黃任莘田著", 第三行題 "邑後學陳應魁註", 第四起正文。

書首有嘉慶甲戌陳應魁 "香草齋詩註自敘", 黃鳴西 "香草齋詩註序", 嘉慶十九年何治運 "香草齋詩注敘", 乾隆甲戌傅玉露、乾隆甲戌許廷鑅、陳兆崙、乾隆丙子桑調元原序, 余文儀 "黃莘田先生傳", 鄭方坤 "黃莘田詩鈔小傳", 侯封跋, "香草齋詩註目錄"。

香草齋詩註卷一

永福黃　任華□著

邑後學陳應魁註

秋來

斜日銀床凉高梧墮一葉　庾信詩井梧落銀床遁甲書梧桐生十二葉有閏則十三葉立秋之日一葉先墮　一何來遠籟聲千林與之接寂寞將何言蕭散固所慍

夜坐

坐久月未出微風吹我襟星搖夜窗動露下秋堂深　韓詩風露氣入秋堂凉衆響倏以寂遠生天外音冷然不可寫　然輕妙貌　列子註泠然輕妙貌

樊榭山房全集五種三十五卷

清光緒十年（1884）汪氏振綺堂刻本

DC0743一函九册

清厲鶚撰。

厲鶚（1692—1752），字太鴻，又字雄飛，號樊榭、南湖花隱等，錢塘人。康熙五十九年舉人。

書高25.8釐米，寬14.5釐米。版框高16.6釐米，寬11.5釐米。每半葉十一行，行二十一字。上下黑口，單黑魚尾，左右雙邊。魚尾下方記子目及卷次，又下方記葉次。內封鐫"樊榭山房全集"，內封背面鐫"光緒十年甲申冬十一月校刊"。

卷一首葉第一行題"樊榭山房集卷第一"，第二行題"錢唐厲鶚太鴻"，第三行起正文。

書首有畢沅"丁辛老屋集序"，吳泰來"丁辛老屋集序"，"丁辛老屋集總目"。

書中鈐"大倉文化財團藏書"朱印。

子目：

樊榭山房集十卷

樊榭山房續集十卷

樊榭山房文集八卷

樊榭山房集外詩三卷

樊榭山房集外詞四卷

樊榭山房集卷第一

錢唐 厲 鶚 太鴻

詩甲

金壽門見示所藏唐景龍觀鐘銘拓本 以下甲午

嗜古金夫子貪若籠百貨墨本爛古色不受寒其浣便

續金石錄明誠不是過鐘銘最後得斑駁豈敢唾照眼

三百字字蟠螭大撫迹思景雲往事去無邪初翦桑

條葦柘袍受朝賀范鐘崇玉清構炭飛廉佐九乳器未

亡雄詞壓寒餓裝比李仙丹徵句迭倡和虛無奚足稱

戀績於此墮吾思景鐘銘天璽濫傳播

游無門洞

丁辛老屋集十二卷

清乾隆丁未（五十二年，1787）鄢陵官舍刻本

DC0742一函四册

清王又曾撰。

王又曾（1706—1762），一名右曾，字受銘，號谷原，秀水人。乾隆十九年進士，官至刑部主事。

書高25.8釐米，寬16.8釐米。版框高18.9釐米，寬13.7釐米。每半葉十二行，行二十二字。白口，單黑魚尾，左右雙邊。魚尾下方記"丁辛老屋集"及卷次，版心下方記葉次。內封鐫"丁辛老屋集/乾隆丁未七月刊于鄢陵官舍"。

卷一首葉第一行題"丁辛老屋集卷一"，第二行題"秀水王又曾受銘"，第三行起正文。

書首有畢沅"丁辛老屋集序"，吳泰來"丁辛老屋集序"，"丁辛老屋集總目"。

丁辛老屋集卷一

秀水　王又曾　受銘

戊申

避暑福城寺水閣

影橫來浴自如

身是閒雲任卷舒藥鐺茶笕靜相於眼明沙觜將雛鴨塔

投壺二首

鼓吏催將定幾巡多煩奉矢樂嘉賓罰觥只恐論無算妙

伎誰為郭舍人

驍箭蓮花的自殊未誇豹尾與狼壺也知游戲同賓射新

格何如凍水圖

和朱大偶圃冬日村居

丁辛老屋集卷一

一

籜石齋詩集五十卷

清乾隆秀水錢氏刻本
DC0745一函六册

清錢載撰。

錢載(1708—1793),字坤一,號籜石,又號匏尊,晚號萬松居士、百幅老人,秀水人。乾隆十七年進士,官至山東學政。

書高26.3釐米,寬16.9釐米。版框高20釐米,寬14.4釐米。每半葉十二行,行二十三字,小字雙行,行三十三字。白口,單黑魚尾,左右雙邊。魚尾下方記"籜石齋詩集"及卷次,又下方記葉次。内封鐫"籜石齋詩集"。

卷一首葉第一行題"籜石齋詩集卷第一",第二行題"秀水錢載坤一",第三行起正文。

書首有戊申"籜石齋詩集自序","籜石齋詩集總目"。

書中鈐"曾居華岡十年"、"大倉文化財團藏書"朱印。

擢石齋詩集卷第一

　　　　　　秀水　錢　載

丁巳

太液池曉望

春生暖城市日出麗臺沼從容橋上經遊息羨魚鳥溆柳金
霧披融冰玉煙渺蓬萊滄海起河漢紫垣遠復旦近
帝光歌衢微天表

古琴

歲久紋斯斷材艮尾不焦彈非無汲郡製或自雷霄木落高
山石天空大海潮以之橫膝坐詎獨萬情超

雪夜

霰粒晚如米飄瞥遂無聲隱燈囷初更街柝沈三更洋洋竟

樂善堂全集四十卷目録四卷

清乾隆二年（1737）内府刻初印本

DC0747四函二十四册

清高宗撰。

書高27.7釐米，寬17.5釐米。版框高19.2釐米，寬14釐米。每半葉七行，行十八字。白口，單黑魚尾，四周雙邊。魚尾上方記 "樂善堂全集"，魚尾下方記類目，又下方記葉次。書衣籤題 "樂善堂全集"。

卷一首葉第一行題 "樂善堂全集卷一"，第二行起正文。

書首有乾隆二年御製序，"庚戌年原序"，雍正十年允祿序，雍正十一年允禧序，弘晝序，雍正十年王福彭序，鄂爾泰序，雍正八年張廷玉序，雍正九年朱軾序，蔣廷錫序，福敏序，雍正九年蔡世遠、邵基、胡煦序，雍正八年顧成天序，"樂善堂全集目録"。書末有乾隆元年鄂爾泰、張廷玉、福敏、邵基、梁詩正、顧成大跋。

樂善堂全集卷一

論

立身以至誠為本論

夫誠者萬物之原萬事之本天所賦物所受之
正理也故在天則為乾元坤元而萬物資始資
生在人則為能盡其性參天地而贊化育然人
咸具是理而鮮能全之故日蔽於私溺於習而

樂善堂全集四十卷目録四卷

清乾隆二年（1737）内府刻本

DC0746二函二十四册

清高宗撰。

書高27.3釐米，寬17.1釐米。版框高18.7釐米，寬14釐米。每半葉七行，行十八字。白口，單黑魚尾，四周雙邊。魚尾上方記 "樂善堂全集"，魚尾下方記類目，又下方記葉次。

卷一首葉第一行題 "樂善堂全集卷一"，第二行起正文。

書首有乾隆二年御製 "樂善堂全集序"，"庚戌年原序"，雍正十年允禄序，雍正十一年允禧序，弘晝序，雍正十年王福彭序，鄂爾泰序，雍正八年張廷玉序，雍正九年朱軾序，蔣廷錫序，福敏序，雍正九年蔡世遠、邵基、胡煦序，雍正八年顧成天序，"樂善堂全集目録"。書末有乾隆元年鄂爾泰、張廷玉、福敏、邵基、梁詩正、顧成大跋。

書中鈐 "明善堂覽書畫印記" 朱印。

樂善堂全集卷一

論

立身以至誠為本論

夫誠者萬物之原萬事之本天所賦物所受之

正理也故在天則為乾元坤元而萬物資始資

生在人則為能盡其性參天地而贊化育然人

咸具是理而鮮能全之故曰蔽於私溺於習而

御製文初集三十卷目録二卷

清乾隆刻本

DC0748一函八册

清高宗撰。

書高28.2釐米,寬16.9釐米。版框高20釐米,寬14釐米。每半葉九行,行十七字。白口,單黑魚尾,四周雙邊。魚尾上方記"御製文初集",魚尾下方記卷次及類目,又下方記葉次。書衣籤題"御製文初集",下方記卷次。

卷一首葉第一行題"御製文初集卷之一",第二行起正文。

書首有乾隆甲申"御製文初集序",凡例,乾隆二十八年于敏中奏疏,"御製文初集目録"。書末有劉統勳等跋。

書中鈐"大倉文化財團藏書"朱印。

御製文初集卷之一

經筵御論

道之以德齊之以禮有恥且格

政刑者德禮之先聲德禮者政刑之大本舍

德禮而求政刑必成雜霸之治即政刑而寓

德禮乃見純王之心一而二二而一者也若

云德禮之外別有所謂政刑則非聖人垂教

之本意矣

咨十有二牧曰食哉惟時

御製文初集　卷一　經筵御論　一

御製擬白居易新樂府四卷

清乾隆徐立綱寫刻本
DC0749一夾板四册

清高宗撰。

書高19.5釐米，寬12.6釐米。版框高13.5釐米，寬9釐米。綠龍紋框，無行欄。每半葉五行，行十字，小字雙行，字數同。白口，版心下方記卷次及葉次。書衣書籤題 "御製擬白居易新樂府"。

卷一首葉第一至二行題 "御製用白居易新樂府成／五十章並效其體"，下小字注 "有序"，第三行序文。書末有徐立綱跋。

書中鈐 "大倉文化財團藏書" 朱印。

案語：《中國古籍善本書目》著錄劉墉、于敏中、王傑、姚頤、彭元瑞諸家寫刻本，此徐氏寫刻本未見諸家著錄。

御製用白居易新樂府成
五十章並效其體有序
白居易新樂府五十章
少即成誦喜其不尚辭
藻而骹紀事實具美刺

一之一

御製詩文十全集五十四卷卷首一卷

清乾隆五十九年(1794)武英殿聚珍本

DC0337十二冊

　　清高宗御製。

　　書高27.1釐米,寬15.6釐米。版框高19.2釐米,寬12.8釐米。每半葉九行,行二十一字,小字雙行,字數同。白口,單黑魚尾,四周雙邊。魚尾上方記"御製詩文十全集",魚尾下記卷次,版心下方記葉次。

　　卷一首葉第一行題"御製詩文十全集卷一",第二行起正文。

　　書首有乾隆甲午"御製題武英殿聚珍版十韻有序",乾隆五十九年彭元瑞等"御製詩文十全集進表","御製詩文十全集總目"。

　　書中鈐"大倉文化財團藏書"朱印。

御製詩文十全集卷一

初定金川第一之一

詩三十四首

賜傅恒經畧金川 戊辰

壯齡承廟畧一矢靖天狼番部蕞爾蠢王師武必揚慰

予西顧久嘉汝赤心艮撻伐敉么宼撫循集衆長斯能

成偉績用翰不庭方佇看銷兵氣敷天日月光

孟冬上旬於瀛臺賜經畧大學士傅恒及命往蜀

西諸將士食並成是什

御製詩文十全集 卷一

御製全韻詩

清刻本

DC0750一函五册

清高宗弘曆撰。

書高30釐米，寬18.5釐米。版框高23.8釐米，寬14.7釐米。每半葉七行，行十六字，小字雙行二十四字。白口，單黑魚尾，四周雙邊。魚尾上方記 "御製全韻詩"，魚尾下方記聲部，版心下方記葉次。書衣籤題 "御製全韻詩"。

卷一首葉第一行題 "御製全韻詩"，下小字題 "有序"，第二行起正文。

書末有于敏中跋。

書中鈐 "大倉文化財團藏書" 朱印。

御製全韻詩 有序

四聲切韻之書始自周顒而成於沈

約其書雖不傳而拈韻者必以是為

準則然韻非自二人創之擊壤卿雲

何一非韻句乎不啻此也羲經尚書

多有韻語則尤古於三百風人之詠

但以宜於時齊於一不得不以現行

御製文餘集二卷

清嘉慶五年（1800）內府刻本

DC0751一函二册

清高宗撰。

書高28.5釐米，寬16.8釐米。版框高19.8釐米，寬13.9釐米。每半葉九行，行十七字。白口，單黑魚尾，四周雙邊。魚尾上方記"御製文餘集"，魚尾下方記卷次、細目，版心下方記葉次。書衣籤題"御製文餘集"。

卷一首葉第一行題"御製文餘集卷之一"，第二行起正文。

書首有"御製文餘集目録"。書末有庚申仁宗恭跋，嘉慶五年朱珪等跋。

書中鈐"大倉文化財團藏書"朱印。

御製文餘集卷之一

詔

丙辰元日傳位子皇帝並却上尊號詔

朕纘緒丕基撫綏寰夏勤求治理日有孜孜

仰賴

上天眷佑

列聖貽謀寰宇乂安蒸黎康阜聲教四訖中

外一家御極以来平定伊犂回部大小金川

擴土開疆數萬餘里緬甸安南廓爾喀以及

御製文餘集 卷一 詔 一

稽古齋全集八卷

清乾隆十一年（1746）刻本
DC0752二函十二冊

清弘晝撰。

書高26.9釐米，寬17.3釐米。版框高18.4釐米，寬13.8釐米。每半葉八行，行十八字。白口，單黑魚尾，四周雙邊。魚尾上方記"稽古齋全集"，魚尾下方記卷次，版心下方記葉次。

卷一首葉第一行題"稽古齋全集卷之一"，第二行起正文。

書首有乾隆丙寅御製序，"御製原序"，和碩莊親王序，和碩果親王序，鄂爾泰序，張廷玉序，朱軾序，蔣廷錫序，福敏序，蔡世遠序，邵基序，胡煦序，顧成天序，"稽古齋全集自序"，乾隆十一年施炳炎、常衛都序。

書中鈐"大倉文化財團藏書"朱印。

稽古齋全集卷之一

論四書

道不遠人論

天以陰陽五行化生萬物而理亦賦焉所以物

必有則有耳目手足卽有聰明恭重之道有君

父兄友卽有忠孝愛信之道以異於人亦可知

道外無人而人外無道矣是天下之最切近於

人者孰有過於道乎中庸故引孔子道不遠人

小倉山房詩集三十七卷續補詩集二卷外集八卷文集三十五卷尺牘十卷牘外餘言一卷

清乾隆刻本

DC0753四函三十册

清袁枚撰。

袁枚（1716—1797），字子才，號簡齋，晚年號倉山，錢塘人。乾隆四年進士，歷任溧水、江寧等縣知縣。

書高25.1釐米，寬15.9釐米。

書中鈐 "嫏嬛妙境"、"麐見亭讀一過" 朱印。

子目：

1.小倉山房詩集三十七卷續補詩集二卷

版框高18.4釐米，寬15釐米。每半葉十一行，行二十一字。白口，單黑魚尾，左右雙邊。魚尾上方記 "小倉山房"，下方記卷次，版心下方記葉次。內封鐫 "小倉山房詩集"。

卷一首葉第一行題 "小倉山房詩集卷一"，第二行題 "錢唐袁枚子才"，第三行起正文。

書首有薛起鳳序，蔣士銓、趙翼等 "讀隨園詩題辭"，"小倉山房詩集總目"。

2.小倉山房外集八卷

版框高18.8釐米，寬14.9釐米。每半葉十一行，行二十一字。白口，單黑魚尾，左右雙邊。魚尾上方記 "小倉山房"，下方記卷次，版心下方記葉次。內封鐫 "小倉山房外集"。

卷一首葉第一行題 "小倉山房外集卷一"，第二行題 "錢唐袁枚子才"，第三行起正文。

書首有李英序，乾隆己丑蔣士銓 "題隨園駢體文"，"小倉山房外集目録"。

3.小倉山房文集三十五卷

版框高18.7釐米，寬15釐米。每半葉十一行，行二十一字。白口，單黑魚尾，左右雙邊。魚尾上方記"小倉山房"，下方記卷次，版心下方記葉次。內封鐫"小倉山房文集"。

卷一首葉第一行題"小倉山房文集卷一"，第二行題"錢唐袁枚子才"，第三行起正文。

書首有杭世駿序，乾隆己丑蔣士銓"題隨園文題辭"，穀芳、萬應馨後序，古文凡例，"小倉山房文集目録"。

4.小倉山房尺牘十卷

版框高16.4釐米，寬12.9釐米。每半葉十一行，行二十一字。白口，單黑魚尾，左右雙邊。魚尾上方記"小倉山房尺牘"，下方記卷次，版心下方記葉次。內封鐫"乾隆己酉/翻刻必究/小倉山房尺牘/隨園藏板"。

卷一首葉第一行題"小倉山房尺牘卷一"，第二行題"隨園"，第三行起正文。

書首有洪錫豫序。

5.牘外餘言一卷

版框高15.9釐米，寬12.7釐米。每半葉十一行，行二十一字。白口，單黑魚尾，左右雙邊。魚尾上方記"牘外餘言"，下方記卷次，版心下方記葉次。

卷一首葉第一行題"牘外餘言卷一"，第二行題"隨園"，第三行起正文。

小倉山房詩集卷一丙辰丁□

錢唐袁枚子才

錢唐江懷古

江上錢王舊蹟多我來重唱百年歌勸王妙選三千弩
不射江潮射汴河

釣臺

夜泊釣臺旁客星如月大想見嚴子陵投竿在此坐朝
隨漁翁嬉暮陪至尊卧爲念故以重轉覺天子輕偶展
楊上足乃驚天上星

書子陵祠堂

士各有志在投贈須良時乃欲臣老子張眼發狂癡巢

小倉山房

卷一

小倉山房文集卷一

錢唐袁枚子才

長沙弔賈誼賦

歲在丙辰予春秋二十有一於役粵西路出長沙感賈

生之弔屈平也亦爲文以弔賈生其詞曰何蒼蒼者之

不自珍其靈氣兮代紛紛而俊英前者既不用而流亡

今後者又不用而挺生惟吾夫子之於君臣兮淚如秋

霖而不可止前既哭其治安兮後又哭其愛子爲人臣

而竭其忠兮爲人師而殉之以死君固黃農虞夏之故

人兮行宛曼于先王不知漢家之自有制度兮乃嘐嘐

然一則曰禮樂二則曰明堂夫固要君以堯舜兮豈知

小倉山房　卷一

忠雅堂詩集二十七卷補遺二卷文集十二卷詞集二卷

清道光癸卯(二十三年,1843)藏園刻本

DC0754二函十三冊

清蔣士銓撰。

蔣士銓(1725—1784),字心餘、苕生,號藏園,又號清容居士,晚號定甫,鉛山人。乾隆二十二年進士,官翰林院編修。

書高28.5釐米,寬17.4釐米。版框高18.4釐米,寬13.7釐米。每半葉十行,行二十一字。白口,單黑魚尾,四周雙邊。魚尾上方記"忠雅堂詩集",下方記卷次,版心下方記葉次。內封鐫"道光癸卯重鐫/忠雅堂詩集/藏園藏板",文集內封同。

卷一首葉第一行題"忠雅堂詩集卷一",第二行題"鉛山蔣士銓定甫",第三行起正文。

詩集書首有乾隆壬午金德瑛序,袁枚序,"忠雅堂詩集目錄"。文集書首有阮元"蔣心餘先生傳","忠雅堂文集總目錄"。

書中鈐"大倉文化財團藏書"朱印。

忠雅堂詩集卷一

鉛山　蔣士銓　定甫

甲子

九日靈巖寺登高二首

山勢峻嶒據上游直疑呼吸接神州千家山郭憑闌見
萬疊雲烟拍座浮鑛穴樹根空洞出黃河天外混茫流
不妨高咏元暉句十二丹城在上頭

豪氣凌虛迥不羣重欹烏帽學參軍墨花四散中峯雨
筆陣全收下界雲大地烟霞浮指掌諸天梵唄雜聲聞
臨風莫洒懷鄉淚古木蒼涼送夕曛

忠雅堂詩集　卷一

甌北全集七種

清乾隆五十五年至嘉慶十七年(1790—1812)湛貽堂刻本

DC0863四函四十八册

清趙翼撰。

趙翼(1727—1814),字雲崧,一字耘崧,號甌北,又號裘尊,晚號三半老人,江蘇陽湖人。乾隆二十六年進士,官至貴西兵備道。

書高24.1釐米,寬15.9釐米。內封鐫"甌北全集/湛貽堂藏板/廿二史劄記/陔餘叢考/簷曝雜記/皇朝武功紀盛/詩鈔/詩話/甌北集"。

書首有甌北先生家傳,甌北先生年譜,墓志銘。

子目:

1.廿二史劄記三十六卷補遺一卷

清嘉慶五年刻本

版框高17.8釐米,寬14.1釐米。每半葉十一行,行二十一字。白口,單黑魚尾,左右雙邊。魚尾上方記"廿二史劄記",魚尾下方記卷次、細目,又下方記葉次。內封鐫"趙甌北學/廿二史劄記/湛貽堂藏板"。

卷一首葉第一行題"廿二史劄記卷一",第二行題"陽湖趙翼雲崧",第三行起正文。

書首有嘉慶五年"廿二史劄記序"。

2.陔餘叢考四十三卷

清乾隆五十五年刻本

版框高18釐米,寬14釐米。每半葉十一行,行二十一字。白口,單黑魚尾,左右雙邊。魚尾上方記"陔餘叢考",魚尾下方記卷次,又下方記葉次。內封鐫"乾隆庚戌/陔餘叢考/湛貽堂藏板"。

卷一首葉第一行題"陔餘叢考卷一",第二行題"陽湖趙翼耘崧",第三行起正文。

書首有乾隆五十六年吳錫麒"陔餘叢考序"。

3.簷曝雜記六卷

版框高18.2釐米,寬14釐米。每半葉十一行,行二十一字。白口,單黑魚尾,左右雙邊。魚尾上方記"簷曝雜記",魚尾下方記卷次,又下方記葉次。內封鐫"簷曝雜記"。

卷一首葉第一行題"簷曝雜記卷一",第二行題"陽湖趙翼雲崧",第三行起正文。

4.皇朝武功紀盛四卷

清乾隆五十七年刻本

版框高18釐米,寬14釐米。每半葉十一行,行二十一字。白口,單黑魚尾,左右雙邊。魚尾上方記"皇朝武功紀盛",魚尾下方記卷次,又下方記葉次。內封鐫"皇朝武功紀盛/湛貽堂藏板"。

卷一首葉第一行題"皇朝武功紀盛卷一",第二行題"陽湖趙翼雲崧",第三行起正文。

書首有乾隆五十七年盧文弨"皇朝武功紀盛序"。

5.甌北詩鈔二十卷

清乾隆五十六年刻本

版框高18.4釐米,寬14.6釐米。每半葉十行,行二十一字。白口,單黑魚尾,左右雙邊。魚尾上方記"甌北詩鈔",魚尾下方題詩體,又下方記葉次。內封鐫"甌北詩鈔/湛貽堂藏板"。

卷一首葉第一行題"甌北詩鈔五言古一",第二行題"陽湖趙翼雲崧",第三行起正文。

書首有乾隆五十六年李保泰"甌北詩鈔序"。

6.甌北詩話十卷續二卷

清嘉慶七年刻本

版框高17.7釐米,寬14釐米。每半葉十一行,行二十一字。白口,單黑魚尾,左右雙邊。魚尾上方記"甌北詩話",下方記卷次,又下方記葉次。內封鐫"甌北詩話/湛貽堂藏板"。

卷一首葉第一行題"甌北詩話卷一",第二行題"陽湖趙翼雲崧",第三行起正文。

書首有嘉慶七年趙翼"甌北詩話小引"。

7.甌北集五十三卷

清嘉慶十七年刻本

版框高18釐米,寬14釐米。每半葉十一行,行二十一字。白口,單黑魚尾,左右雙邊。魚尾上方記"甌北集",魚尾下方記卷次,又下方記葉次。內封鐫"嘉慶壬申/甌北集/湛貽堂藏板"。

卷一首葉第一行題"甌北集卷一",第二行題"陽湖趙翼雲崧",第三行起正文。

廿二史劄記卷一

陽湖　趙翼　雲崧

司馬遷作史年歲

司馬遷報任安書謂身遭腐刑而隱忍苟活者恐没世
而文采不表於後世也論者遂謂遷遭李陵之禍始發
憤作史記而不知非也其自序謂父談臨卒屬遷論著
列代之史父卒三歲遷爲太史令即紬石室金匱之書
爲太史令五年當太初元年改正朔值孔子春秋後
五百年之期於是論次其文會草創未就而遭李陵之
禍惜其不成是以就刑而無怨是遷爲太史令時乃
史事五年爲太初元年則初爲太史令時乃元封二年

廿二史劄記〔卷一〕史記漢書　一

夢樓詩集二十四卷

清乾隆乙卯（六十年，1795）食舊堂刻本

DC0755一夾板六册

清王文治撰。

王文治（1730—1802），字禹卿，號夢樓，江蘇丹徒人。乾隆二十五年進士，授編修，擢侍讀，官至雲南臨安知府。

書高25.7釐米，寬15.9釐米。版框高19釐米，寬13.5釐米。每半葉十一行，行二十二字。白口，單黑魚尾，四周單邊。魚尾上方記"夢樓詩集"，下方記卷次，版心下方記葉次。内封鎸"乾隆乙卯/夢樓詩集/食舊堂藏板"。

卷一首葉第一行頂格題"夢樓詩集卷一"，下空八格題"丹徒王文治禹卿"，第二行起正文。

書首有乾隆六十年王文治自序，乾隆四十二年姚鼐序，"袁簡齋前輩書"，"陳東浦同年書"，"曾賓谷都轉書"，"姚姬傳比部書"二首，"王西莊前輩書"，"夢樓詩集目録"。

書中鈐"補蘿廬主"、"允中"、"張"、"曾經山陰張致和補蘿盒藏"、"大倉文化財團藏書"朱印。

夢樓詩集卷一　　　　　　　　丹徒王文治

放下齋初存藁

余弱冠時取趙州放下之語名其齋時初學爲詩亦

初學坐禪伏處荒江罕所質証癸酉歲以選貢入京

獲與丹陽彭澧晉函遼海朱孝純子潁桐城姚鼐姬

傳定交各出詩文互相討論晉函齒倍於余多所刪

正今所存者十之二三從晉函定本居多命曰放下

齋初存稿古今體詩一百四首

春耕圖

和風被四野原隰千里平微雨夜來歌布穀催春耕農人

理艮耕晨起露華明隴上負鋤侶水邊驅犢聲入春繞幾

一

述學內篇三卷外篇一卷補遺一卷別録一卷

清嘉慶二十年（1815）精刻本

DC0595一函三册

清汪中撰。

汪中（1745—1794），字容甫，江都人。乾隆四十二年拔貢，官至文瀾閣檢校。

書高26.9釐米，寬16.7釐米。版框高20.6釐米，寬13.2釐米。每半葉十三行，行三十字。白口，單黑魚尾，左右雙邊。魚尾上方記"述學"，下方記類目及卷次，又下方記葉次。版心下口背面刻字數。内封鎸"述學/内篇三卷外篇一卷/補遺一卷別録一卷"。

卷一首葉第一行頂格題"述學"，下空二十一格題"内篇一"，第二行題"江都汪中撰"，第三行起正文。

書首有嘉慶二十年高郵王念孫序，序末左下角刻"江寧劉文奎子覲宸/仲高鎸"。

闕別録一卷。

書中鈐"蒼茫齋高氏藏書記"、"鑽閱六經泛濫百氏"、"蒼茫齋收藏精本"、"高世異印"、"華陽國士"、"宦存所得"、"歷下雨生王氏珍藏"、"蒼茫齋"、"高氏審定"、"王雨生讀過"、"蒼茫齋收藏金石書畫"、"高世異藏書記"、"尚同讀書"、"尚同小印"、"大倉文化財團藏書"朱印。

述學　　　　　　　　　　　　　　　　内篇一

釋農辰參二文　　　　　　　　　　江都汪中撰

東方七宿最明大者莫如心西方七宿最明大者莫如參故古人多用之以紀
時令夏小正五月初昏大火中八月辰則伏詩七月流火春秋傳凡土功火見
而致用火中寒暑乃退火出而畢賦火出於夏為三月於商為四月於周為五
月火伏而後蟄者畢火猶西流國語火朝覿矣火見而清風戒寒火之初見期
於司里此以心為紀者也夏小正二月初昏參中三月參則伏五月參則見八
月參中則旦詩惟參與昴三星在天毛傳此以參為紀也於文參從晶大火為
大農辰亦從晶竝象二星之形而壘即從之故知農參之用該乎列宿矣

釋闕

天子諸侯宮城皆四周闕其南為門城至此而闕故謂之闕春秋僖公二十一
年傳鄭伯宮王於闕西辟太傅禮保傅篇過闕則下是也亦謂之闕門穀梁桓

吳氏一家稿七種六十一卷

清咸豐五年（1855）刻同治九年（1870）增刻本

DC0757四函三十二册

清吳錫麒撰。

吳錫麒（1746—1818），字聖征，號穀人，別署東皋生，浙江錢塘人。乾隆四十年進士，官至國子監祭酒。

書高24.7釐米，寬16釐米。版框高17.7釐米，寬14釐米。每半葉十行，行二十一字，小字雙行，字數同。上下黑口，雙黑魚尾，左右雙邊。上魚尾下方記子目及卷次，下魚尾上方記葉次。書內封鐫"吳氏一家稿"，內封背面牌記鐫"咸豐五年刊"。

《有正味齋詩》卷一首葉第一行題"吳氏一家稿"，下小字題"有正味齋/詩一"，第二行題"錢塘吳錫麒聖徵"，第三行起正文。其餘各種同。

子目各種卷前有目録。《有正味齋駢體文删餘》卷前有同治九年增刻序。

書中鈐"馬氏藏書"、"杭州厚栽堂馬氏珍藏書畫印"、"大倉文化財團藏書"朱印。

子目：

有正味齋詩十二卷

有正味齋律賦一卷

有正味齋試帖四卷

有正味齋詞七卷

有正味齋曲一卷

有正味齋駢體文二十四卷

有正味齋駢體文删餘十二卷

吳氏一家稿有正味齋詩一

錢塘　吳錫麒　聖徵

卷一

湖州展謁祖墓信宿舊廬感賦三首 寶石山樓始存稿

潛姿閟陰窒迅羽翔高穹宇宙各有託顯晦道不同余

生守蓬藋敢信能固窮食德仰先疇慨然思農功云云

溪中水謖謖松下風百年丙舍遠精氣自感通遺澤在

未耦忍饑望年豐白雲一杯醥哀響生枯楓爲我話疇

昔落日來田翁

茅屋緣溪邊云是先世宅守家人雜棲頹敗僅四壁旁

淵雅堂全集四種五十卷附二種五卷

清嘉慶乙亥(二十年, 1815)刻本

DC0401二函十六册

清王芑孫撰。

王芑孫(1755—1817), 字念豐, 一字淠波, 號惕甫, 一號鐵夫、雲房, 又號楞伽山人, 長洲人。乾隆五十三年召試舉人, 官華亭教諭。

書高29釐米, 寬17.9釐米。版框高18.8釐米, 寬13.6釐米。每半葉十行, 行二十一字。白口, 單黑魚尾, 魚尾上方記子目書名, 下記卷次及葉次。內封鐫"嘉慶甲子夏日印行/淵雅堂全集/本家藏版", 鈐"嘉慶乙亥/重編定本"朱印。

書首有嘉慶甲子汪榮光等識語, 嘉慶十一年又識, 嘉慶二十年沈慈"重編序"。

書中鈐"江山劉履芬彥清父收得"、"大倉文化財團藏書"朱印。

子目:

1.淵雅堂編年詩藁二十卷

書內封刻"淵雅堂編年詩藁/嘉慶八年中秋刊版"。

卷一首葉第一行題"淵雅堂編年詩藁卷一", 第二行題"長洲王芑孫念豐", 第三行起正文。

書首有嘉慶二十年沈慈等序, "淵雅堂編年詩藁目次", 小像及像讚。

2.惕甫未定藁二十六卷

書內封刻"惕甫未定藁/嘉慶甲子端午棗版"。

卷一首葉第一行題"惕甫未定藁卷一", 第二行題"長洲王芑孫念豐", 第三行起正文。

書首有王芑孫等序, "惕甫未定藁目次"。

3.淵雅堂詩外集二卷

書內封刻"淵雅堂外集/嘉慶八年夏日楞園刊版"。

卷一首葉第一行題"淵雅堂詩外集",第二行題"長洲王芑孫念豐",第三行起正文。

書首有汪榮光等序,"淵雅堂詩外集目次"。

4.淵雅堂外集二卷

　瑤想詞一卷

　讀賦厄言一卷

5.寫韻軒小藁二卷

曹貞秀撰。

曹貞秀(1762—1822),字墨琴,自署寫韻軒,安徽休寧人,王芑孫妻。

書内封刻"寫韻軒小藁/嘉慶甲子孟夏栞成"。

卷一首葉第一行題"寫韻軒小藁卷一",第二行題"長洲女史曹貞秀墨琴",第三行起正文。

書首有乾隆五十六年王芑孫序,"寫韻軒小藁目次"。

6.波餘遺藁一卷附録二卷

王翼孫撰。

王翼孫,生卒年不詳,字以燕,號聽夫,長洲人。

書内封鎸"嘉慶甲子夏四月/波餘遺藁/淵雅堂栞版"。

卷一首葉第一行題"波餘遺藁",第二行題"長洲王翼孫以燕",第三行起正文。

書首有嘉慶九年汪榮光"波餘遺藁序","波餘遺藁卷首",目次。

嘉慶甲子夏日印行

淵雅堂全集

嘉慶乙亥
重編定本

本家藏版

淵雅堂編年詩藁卷一

長洲王芑孫念豐

辛卯

擬漢九曲歌

蟾蜍戀東烏戀西昨日之日成古塒

擬魏武帝短歌行

來日大難去日如何左樽右缶如何不歌嗟乎長路誰
同我者萬里在前起秣我馬悠悠此身忽焉至今有嚶
其鳥尚集于林爰求友生匪德是慕關河縣邈開之風
露時不我與庶幾能來借日未艾盤燭既灰悠悠我思

味餘書室全集定本四十卷目録四卷隨筆二卷

清嘉慶五年(1800)武英殿刻本

DC0758四函三十二册

　　清仁宗撰。

　　清仁宗(1760—1820),愛新覺羅氏,諱顒琰,清代第七位皇帝。年號嘉慶,在位二十五年。

　　書高27.4釐米,寬16.8釐米。版框高20.1釐米,寬14.2釐米。每半葉九行,行十七字,小字雙行,字數同。白口,單黑魚尾,四周雙邊。魚尾上記"味餘書室全集定本",下記卷次、類目,再下記葉次。

　　卷一首葉第一行題"味餘書室全集定本卷一",第二行起正文。

　　書首有嘉慶丁巳御筆題句,嘉慶庚申御筆"味餘書室全集序",嘉慶五年諭旨,味餘書室詩文選原序,嘉慶五年六月諭旨,"味餘書室詩文選原序",嘉慶五年慶桂等奏摺。書末有嘉慶五年朱珪跋,嘉慶庚申慶桂等跋。《味餘書室隨筆》卷末有嘉慶五年朱珪跋,嘉慶庚申慶桂等跋。

　　書中鈐"國子監印"(滿漢文)、"大倉文化財團藏書"朱印。

味餘書室全集定本卷一

古今體詩八十四首 壬辰

　恭和

御製重華宮茶宴大學士及內廷翰林等用

耕織圖聯句因成二律元韻

春筵柔遠

輦初迴小宴廷臣翰墨開八葉賞舒光暎碧

九英梅綻色凝璫簫韶律叶同拈管玉茗香

浮勝舉杯

御製嗣統述聖詩

清嘉慶武英殿刻本

DC0759一函二册

清仁宗撰。

書高23.6釐米，寬15.1釐米。版框高17.8釐米，寬12.3釐米。每半葉七行，行十四字，小字雙行，字數同。白口，單黑魚尾，四周雙邊。魚尾上記"御製詩"，下記册次，版心下方記葉次。

第一册首葉第一至二行題"御製嗣統述/聖詩"，第二行正文。

書末有慶桂等跋。

書中鈐"大倉文化財團藏書"朱印。

御製嗣統述

聖詩

明政不綱民倒懸

大清寶命受

上天於昭

太祖定帝業立紀建極治道宣丙辰

正月壬申朔发告

御製年

船山詩草二十卷

清嘉慶乙亥(二十年,1815)石韞玉刻本

DC0756—函六册

　　清張問陶撰。

　　張問陶(1764—1814),字仲冶,一字柳門,名船山,遂寧人。乾隆五十五年進士,官至萊州知府。

　　書高23.8釐米,寬15.5釐米。版框高16.9釐米,寬13.2釐米。每半葉十行,行二十字。白口,單黑魚尾,左右雙邊。魚尾上方記"船山詩草",魚尾下方記卷次,又下方記葉次。内封鐫"船山詩草/翻刻必究/本衙藏板"。

　　卷一首葉第一行題"船山詩草卷一",第二行題"翰林院檢討臣張問陶恭撰",第三行起正文。

　　書首有清嘉慶乙亥石韞玉"刻船山詩草成書後",乾隆壬子釋道嵘"船山詩草序",嘉慶戊辰"船山詩草目并敘"。

　　書中鈐"小厓"、"世晫之印"、"大倉文化財團藏書"朱印。

船山詩草卷一

翰林院檢討臣張問陶 恭撰

樂府

嘉慶元年丙辰元旦

太上皇帝紀元周甲授受禮成恭紀樂府十四章 有序

臣問陶

拜首稽首言欽惟我

太上皇帝體

大圜絜大矩乾乾翼翼至于萬年無斁初元告

天不敢上同

仁祖紀年勤政歸政願以六十年爲期

船山詩草 卷一

靈芬館全集八十七卷

清嘉慶丁卯（十二年，1807）刻本

DC0402 二夾板十六冊

清郭麐撰。

郭麐（1767—1831），字祥伯，號頻伽、白眉生、邃庵居士、苎蘿長者，江蘇吳江人。嘉慶貢生，晚年遷浙江省嘉善縣東門。

書高27.8釐米，寬17.8釐米。版框高18.7釐米，寬13.8釐米。每半葉十二行，行二十三字。白口，單黑魚尾，左右單邊。魚尾下方記子目篇名、卷次及葉次。《靈芬館詩話》卷十二末葉鐫"姑蘇南倉礄愛蓮室周健寧鐫"，《靈芬館詩續集》卷九末葉鐫"杭州愛日軒陸貞一董棻"。

《靈芬館詩初集》卷一首葉第一行題"靈芬館詩初集"，第二行題"吳江郭麐祥伯"，第三行題"卷一"，第四行起正文。

書前有嘉慶丁卯屠倬"靈芬館詩集序"，孫均"靈芬館詩初集序"，"靈芬館主三十七歲小像"，郭鳳識，"靈芬館全集總目"。

書中鈐"大倉文化財團藏書"朱印。

案語：書根墨題冊次，誤以下函作上函。

子目：

靈芬館詩初集四卷　　　　　　　浮眉樓詞二卷

靈芬館詩二集十卷　　　　　　　懺餘綺語二卷

靈芬館詩三集四卷　　　　　　　靈芬館詩話十二卷

靈芬館詩四集十二卷　　　　　　靈芬館詩話續六卷

靈芬館詩續集九卷　　　　　　　樗園銷夏録二卷

爂餘集一卷　　　　　　　　　　爂餘叢話六卷

靈芬館雜著二卷　　　　　　　　江行日記　一卷

靈芬館雜著續編四卷　　　　　　金石例補二卷

靈芬館雜著三編八卷　　　　　　國志蒙拾二卷

蘅夢詞二卷

靈芬館詩初集

卷一　　　　　　　　　　　　吳江　郭麐　祥伯

欲訴　癸卯

欲訴幽離不自由東風如夢月如愁桃花深處元名鴟燕子
飛來尚有樓半脫輕弸金約指斜攏寶髻玉搔頭西施只在
東牆住直得三年六笑晒

淺笑輕顰隔絳幬幾重簾柙卷鰕須南園春雨生紅豆西曲
秋孃號綠珠笛裏新聲怨楊柳夢中芳草識芝芙仙山樓閣
猶難畫何況眞靈位業圖

小艇蜻蛉繫隔谿鱗鱗春水拍長堤不堪烏鵲橋邊別又值
杜鵑枝上啼天外星光如替月廊邊屧響未霑泥何曾等得

靈芬館詩初集卷一　　　　　　　一

御製文初集十卷

清道光十一年(1831)武英殿刻本

DC0760一函十册

清宣宗撰。

清宣宗(1782—1850),愛新覺羅氏,諱旻寧。清代第八位皇帝。年號道光,在位三十年。

書高27.5釐米,寬16.6釐米。版框高18.8釐米,寬13.6釐米。每半葉七行,行十五字。白口,單黑魚尾,四周雙邊。魚尾上方記"御製文初集",下記卷次及類目,版心下方記葉次。

卷一首葉第一行題"御製文初集卷之一",第二行起正文。

書前有道光十一年"御製文初集序",道光十年曹振鏞等奏摺,"御製文初集目錄"。書末有曹振鏞等跋。

書中鈐"大倉文化財團藏書"朱印。

御製文初集卷之一

經筵御論

善敎得民心

人君代天工治萬姓其任匪輕其事不
易故必有以敎之也緩征薄歛使民以
時恐勞民力也敎之樹畜矜恤補助恐
民失業也建邑設官懲惡勸善恐民無

御製詩文全集十卷

清同治武英殿刻本
DC0761一函六册

　　清文宗撰。

　　清文宗（1831—1861），愛新覺羅氏，諱奕詝。清代第九位皇帝。年號咸豐，在位十一年。

　　書高27.5釐米，寬17.2釐米。版框高18.1釐米，寬13.6釐米。每半葉九行，行十七字，小字雙行，字數同。白口，單黑魚尾，四周雙邊。魚尾上方記"御製詩集"，文集題"御製文集"，下記卷次，版心下方記葉次。函套書籤題"御製詩文全集"，書衣書籤題"御製詩全集"及卷次，文集題"御製文全集"及卷次。詩文集卷末各鎸"臣許彭壽潘祖蔭楊泗孫黃鈺徐郙歐陽保極敬謹校刊"一行。

　　卷一首葉第一行題"御製詩集卷之一"，第二行起正文。

　　書首有"御製詩集目録"，文集卷首有"御製文集目録"。

　　書中鈐"大倉文化財團藏書"朱印。

　　子目：

　　御製詩集八卷

　　御製文集二卷

御製詩集卷之一

古今體詩二十三首

正月十六日泣述

嗚呼

皇考銜哀甚抱恨終天淚萬行顧復一生恩

罔極睽違二日痛靡方依然侍宴承

歡地詎忍擎杯永不望原卜期頤聆

訓諭誰知擗踊裂肝腸

蒼穹杳杳

御製詩集　卷一

缶廬集四卷

民國庚申（九年，1920）劉承幹刻本
DC0764一函二册

吳昌碩撰。

吳昌碩（1844—1927），名俊卿，以字行，號缶廬、老蒼、苦鐵
等。浙江安吉人。

書高32.1釐米，寬20.5釐米。版框高18.1釐米，寬12.4釐米。
每半葉十一行，行二十一字，小字雙行，字數同。白口，雙黑魚尾，
四周單邊。上魚尾下方記 "缶廬集" 及卷次，下魚尾上方記葉次。書
衣書籤鐫 "缶廬集四卷/癸亥仲冬孝胥"，内封鐫 "缶廬集/孝臧"。

卷一首葉第一行題 "缶廬集卷一"，第二行題 "安吉吳俊卿
倉碩"，第三行起正文。

書首有光緒己丑施浴升序，光緒己丑譚獻序，乙卯鄭孝胥
序，沈曾植序，己未孫德謙序，庚申劉承幹序。

缶廬集卷一　　　　　　　安吉吳俊卿倉碩

宿曉覺寺

寒月一庭霜安禪假石脈遙泉入清夜落葉響長廊鐙
護前朝火鄰春隔歲糧老僧知梵字聊與效盧倉

龍安院尋竹逸上人

敧嶇谿壑深蒼翠靄沈沈微雨野花落空山聞磬音穿
雲樹突兀隔水氣蕭森欲問高人宅樵夫何處尋

鄠南道中

木落天氣清長涂策馬行浮雲參野色斜谷走谿聲樹
冷文殊宅田蕪晏子城不堪頻極目蟲鳥雜悲鳴

碧湖集二卷

民國壬申（二十一年，1932）萃錦園刻朱印本

DC0762一册

釋永光著，溥儒輯。

釋永光（1860—1924），俗姓張，字海印，號古懺，一號懺頭陀，益陽人。初在沅江創景雲寺，後寓北京法源寺，晚年居長沙。

書高31.4釐米，寬20.4釐米。版框高17釐米，寬12.5釐米。每半葉九行，行二十一字。白口，雙朱魚尾，左右雙邊。上魚尾下方記"碧湖集"及卷次，下魚尾上方記葉次。書衣書籤鐫"碧湖集/鍾義題耑"。内封鐫"碧湖集/海印上人詩/常州章鈺署耑"，内封背面書牌鐫"壬申秋九月/萃錦園刊"，書牌右側鐫"北京琉璃廠文楷齋藏板"。

卷一首葉第一行題"碧湖集卷上"，第二行題"益陽釋永光著"，第三行題"西山逸士溥儒輯"，第四行起正文。

書前有壬申溥儒序及劉善澤序。

書中鈐"一研梨花雨"、"大倉文化財團藏書"朱印。

碧湖集卷上

益陽　釋永光　著

西山逸士溥　儒輯

山中寄馮給諫

芳洲有蘭杜冉冉含清芬薰風日夕吹欲以貽夫君荊
榛莽巖谷攀折多苦辛但使慰君歡苦辛安足論

北渚閣寄懷高匯亭王秋巖

日暮川渚寒秋風振林樾江閣苦愁思容華坐銷歇縅
懷北渚遊鬱紆情悵結高王曠世賢清操礪冰雪攬袂

稼溪詩草二卷

民國辛酉(十年, 1921)南昌刻本
DC0763一函一册

黃維翰撰。

黃維翰(1867—1930), 字申甫, 號稼溪, 江西省崇仁縣人。
清光緒二十一年進士。

書高25.7釐米, 寬14.8釐米。版框高15.5釐米, 寬11.8釐米。
每半葉八行, 行十八字。上下黑口, 無魚尾, 左右雙邊。版心上黑
口下方記"稼溪詩草"及卷次, 下黑口上方記葉次。內封鎸"稼溪
詩草", 內封背面書牌鎸"歲次辛酉刊于南昌"。

卷一首葉第一行題"稼溪詩草卷一", 第二行題"崇仁黃維
翰申甫", 第三行起正文。

書首有庚申黃維翰序, 陳瀏序, 題辭。

存卷一。

稼溪詩草卷一

　　　　　　　　　崇仁黃維翰申甫

項羽

一蹶東城霸業空英雄畢竟負重瞳陳韓亡去

居鄭死伺識平生呂馬童

書懷

布衣奮跡馬生角矮屋低頭蠹處褌事業丹鉛

一飯飽姓名青史幾人存文章小技工何益身

〔稼溪詩草卷一〕　　　　　　　　　　二

玉澗集一卷

民國鉛印本

DC0765一册

佚名撰。

書高16.6釐米,寬9.6釐米。版框高9.4釐米,寬5.8釐米。每半葉十行,行十八字。上下細黑口,單白魚尾,左右雙邊。魚尾下方記"玉澗集",版心下方記葉次。

卷端首行題"玉澗集",第二行題"佚名",第三行起正文。

書前有騎鶴仙使序。

案語:此書一部凡一册,共八部凡八册。

玉澗集

佚名
南都闕此

虎嘯生風龍起雲壁閒大字墨氤氳南都闕此

藏春閣別樣乾坤長待君

南都雲物喜同居玉澗淙淙夜寂如借問麋蕪

歌一曲爲誰題詠爲誰書

玉澗吟成爛醉餘知誰彤管報瓊琚落花流水

空相憶神女前身是校書

曾嫁無腸公子家仙妃面目玉傷瑕誰憐郭索

橫行字數敘纏綿畫白沙

羅山林先生文集七十五卷詩集七十五卷附録五卷

日本寛文二年 (1662) 荒川宗長刻本

DC0899六十册

　　　　　日本林羅山撰。

　　　　　林羅山 (1583—1657), 名信胜, 字子信, 以號行。

　　　　　書高27.6釐米, 寬19.4釐米。版框高20.5釐米, 寬16釐米。無
行欄。每半葉九行, 行十九字, 字旁有日文訓讀。白口, 雙花魚尾,
四周雙邊。上魚尾下方記 "羅山文集" 及卷次, 下魚尾上方記葉次。
書衣書籤題 "羅山先生文集" 或 "羅山先生詩集", 右下小字記本册
起止卷次。書末鐫 "寛文弍壬寅年孟春吉且/荒川宗長刊行"。

　　　　　卷一第一行題 "羅山林先生文集卷第一", 第二行起正文。

　　　　　書首有寛文元年林恕撰 "羅山林先生集序", 萬治二年林恕
撰 "羅山林先生文集凡例", "羅山林先生文集目録"。書末有寛
文元年林恕撰 "羅山林先生集跋"。

　　　　　書中鈐 "翼輪堂藏書記"、"加藤家藏書印" 朱印。

羅山林先生文集卷第一

賦

倭賦　慶長十七年作

惟吾邦之靈秀兮神聖之所挺生環以太洋海兮

耀賜浴之明明名兹曰日本兮固自然之嘉名或

謂君子居之兮宜風俗之淳直泰伯讓而來兮少

康之子止而不復或謂不死之國兮亦氣運之純

清天神陟而在上兮彦瀲八億餘年而崩嗣王神

武之雄偉兮皇輿遂其東征斬長髓彦兮建都于

鵞峰先生林學士文集一百二十卷目録二卷詩集一百二十卷目録三卷附譜略一卷

日本刻本

DC0900一百零五册

日本林文穆撰。

書高27.3釐米,寬19.2釐米。版框高21.4釐米,寬15.6釐米。無行欄。每半葉九行,行二十字,字旁有日文訓讀。白口,單黑魚尾,四周單邊。魚尾上方題"鵞峰文集",魚尾下方記卷次,版心下方記葉次。

卷一首葉第一行題"鵞峰先生林學士文集卷第一",第二行起正文。

書首有元禄二年林戀撰"鵞峰先生林學士全集序",元禄二年林戀"鵞峰先生林學士全集凡例"。書末有元禄己巳竹洞野節撰"鵞峰先生林學士全集後序"。

書中鈐"翼輪堂藏書記"、"加藤家藏書印"。

鳶峰先生林學士文集卷第一

賦一

黃葵賦 并序

余堂顏向陽軒三大字者寬永丙子冬韓人全榮從

信使任絖來朝應家君之請而所筆也乃裝背之以

授余而扁於堂上遂以為雅號登時余繞弱冠稟性

不敏無蘇麟才則憑誰以望薦舉乎然因庇蔭頗播

名於世幸入　營門則似花木為春乎其後偶閱楊

萬里題張商弼葵堂詩誰知半點向陽心之句且曰

遍照發揮性靈集鈔十卷

日本刻本

DC0916十七册

日釋運敞撰。

運敞（1614—1693），字元春，號泊如，俗姓藤原。日本大阪人。

書高27.5釐米，寬19.5釐米。版框高22釐米，寬16.7釐米。每半葉七行，行十七字，小字雙行，字數同。上下黑口，雙花魚尾，四周雙邊。上魚尾下方記"性靈集鈔"及卷次，下魚尾上方記葉次。

卷一首葉第一行題"遍照發揮性靈集鈔卷第一之上"，第二行起正文。

書末題"慶安二年六月十有四日於尾陽山口長久丈室草了釋運敞"。

書首襯葉有納庫墨筆題記。

鈐"高野增長院藏書"墨印。

遍照發揮性靈集鈔卷第一之上

遍照發揮性靈集序

遍照梵言摩訶毗盧
遮那縛曰羅此云大
遍照金剛此弘法大師登壇散花金剛號也
如大廣智三藏號不空金剛也亦一切真言
行者入曼荼羅者皆得受金剛名號也今從
略故言遍照矣發揮易文言曰六爻發揮
旁通情唐孔頴達疏曰發謂發越揮謂揮
散也言六爻發越揮散旁通萬物之情也覺
苑演密鈔曰發謂揮謂揮揚揮謂揮揚性靈白
氏文集第六十八聽都子歌詩曰都子新歌

遍照梵言摩訶毗盧
遮那縛曰羅此云大
一部之由來太意詳
干序文故不煩記之

江陵詩集四卷

日本延享二年（1745）刻本
DC0917四册

日本萬菴原資著。

萬菴原資（1666—1739），日本僧人。

書高26.8釐米，寬17.8釐米。版框高19.9釐米，寬14.5釐米。每半葉九行，行十九字。白口，單白魚尾，四周單邊。魚尾上方記"江陵稿"，下方記卷次，版心下部記葉次。書尾有延享二年刊記。

卷一首葉第一行題"江陵詩集卷之一"，第二行題"東都萬菴原資著"，第三行起正文。

卷首有荻生徂徠跋，寬保元年服元高"江陵詩序"。書末有附書一通，寬保元年"江陵集歌"。

江陵詩集卷之一

東都萬菴原資著

感遇

孤生無歡樂寓目偏蕭森風雨驚皐樹聞之慨素

襟託志希夷境棲神翰墨林惜無鍾子侶堪鼓伯

牙琴復衰戚異夢峽裡碧桃深隔雲彈仙璈聲如

雄風吟溪邃未能渡一犬吠花陰

雜咏

柴桑稀懽遇婉孌憐童子豈眠安龍艷其心存深

精里初集抄三卷二集抄二卷

日本文化戊寅（十五年，1818）愛月堂刻本
DC0901五册

日本古賀樸著。

書高26.6釐米，寬17.9釐米。版框高17.5釐米，寬13.5釐米。每半葉十行，行二十字。白口，單黑魚尾，左右雙邊。魚尾下方記"精里初集抄"及卷次，再下記葉次。内封鐫"精里古賀先生著/精里初集抄/愛月堂藏"。二集内封鐫"精里古賀先生著/精里二集抄/愛月堂藏"。

卷一首葉第一行題"精里初集抄卷一"，第二行下題"精里古賀樸淳風著"，第三行起正文。

書首有文化十四年樺島公禮"精里初集抄序"，"精里初集抄目録"。二集書首有文化丁丑山邨良由"精里先生遺文第二集序"。書末有文化戊寅浪華筱弼跋，文化戊寅古賀煜跋。

書中鈐"詠歸堂圖書印"朱印。

精里初集抄卷一　　　　　　　精里古賀樸淳風著

書

復石限邦烈

承問人欲解義縷縷分疏足以見考索之勤樸前書
云人心人欲也之論出朱文今因来諭撿之乃在語
類向凴記憶答去以有斯誤深慼鹵莽来說以為人
欲即人心人欲但加之私二字然後為有病
是所謂辨之甚難而實非者今未遑博考而劇論之
試讀孟子集註存天理而遏人欲天理人欲不容兩

精里三集文橐五卷

日本文政二年（1819）愛月堂刻本
DC0901五册

日本古賀樸著。

版框高17.5釐米，寬13.6釐米。每半葉十行，行二十字。上黑口，單黑魚尾，左右雙邊。魚尾下方記"精里三集文橐"及卷次，再下記葉次。内封鐫"精里古賀先生著/精里三集文橐/愛月堂藏"。

卷一首葉第一行題"精里三集文橐卷一"，第二行正文。

書首有文政二年藤原忠升"精里三集序"，文政改元增島固"精里先生三集序"，《精里三集文橐》目次。二集書首有文化丁丑山邨良由"精里先生遺文第二集序"。書末有文政己卯吉田畿跋，文政己卯古賀燾跋。附慶元堂藏板目録。

書中鈐"詠歸堂圖書印"朱印。

精里三集文彙卷一

己巳彙

答神保文學

領上元手帖曁佳什感欣交懷前歲發答翰後闕焉

絕秔今又爲盟臺所先而謙挹悃款無辭以復遝屬

丁祭休務閒中疾卽修報章并步礩奉酬忽其蕪拙

圖小牘舊怒萬望諒原銀臺書會月二次學識荒繆

恐不能有啓沃之益所恃世子邸下天姿秀美而其

左右蟄御皆經明師陶鑄膺選供職傅齋語於莊嶽

之間是以強顏細旃不敢引避耳香阪生勉修積年

杏園詩集二卷

日本文政二年（1819）青雲堂刻本

DC0902一册

日本大田覃著。

書高17.9釐米，寬11.8釐米。版框高11.9釐米，寬8.6釐米。每半葉八行，行十五字，字旁有日文訓讀。白口，單黑魚尾，四周雙邊。魚尾下方記 "杏園詩集" 及卷次，版心下方記葉次。書衣書籤題 "蜀人山詩集"，下空三格題 "全"。内封鐫 "太田南畝先生著/蜀山人詩集全/東都書林青雲堂梓"。

卷一首葉第一行題 "杏園詩集卷一"，第二行題 "多西大田覃子粗著"，第三行起正文。

書首有乙丑張敬修撰 "杏園詩集序"。書末有乙丑錢德撰 "杏園詩集跋"，文政二年鈴木文跋。附青雲堂書目。

杏園詩集卷一

多西大田覃子弼著

題壁 明和三年丙戌作
時歳十八

生長牛門十八秋濁酒彈琴拊髀遊人

生上壽縱滿百三萬六千日悠々功名

冨貴浮雲似笑他文繡羲犧牛滿堂盡

是同懷子無酒須典我貂裘濁酒一杯

琴一曲一杯一曲忘我憂時人若問行

杏園詩集卷一

山陽遺稿文十卷詩七卷

日本天保辛丑（十二年，1841）五玉堂刻本

DC0906五册

　　日本賴襄著。

　　賴襄（1780—1839），字子成，號山陽、山陽外史，通稱久太郎。

　　書高24.7釐米，寬17.4釐米。版框高20.1釐米，寬13.5釐米。每半葉十行，行二十二字。上下黑口，雙黑魚尾，左右雙邊。魚尾下方記"山陽先生遺稿"及卷次，下記"文"或"詩"，再下記葉次。書衣書籤題"山陽遺稿文"及册次。内封鐫"天保辛丑新鐫/山陽遺稿文詩/書林五玉堂藏"。

　　卷一首葉第一行題"山陽遺稿卷之一"，第二行題"賴襄子成著"，第三行起正文。

　　書首有天保辛丑筱崎弼撰"題山陽遺稿"，"山陽先生遺稿目録"。

　　存文卷一、卷二、卷四至卷十，詩卷一至卷三。

山陽遺稿卷之十本朝故家其幸盛阿寧豈然亦本藏煙家

□氏此科籍有四伊鮮數彰志與盛衣人全

巨比科飛失飛聖四九而莳□慎怀数寄斯益寔文學

□訴弘夫集四九點□扎肌改寄禹全四

書

答古賀溥卿書

□訴改官儼迪貝銅九臨□打肌改寄禹金公四

賴襄 子子成著來人全

襄白溥卿足下嚮從駕東役辱問家公因得相見又辱賜

書當遽奉荅而因循不果幸勿見罪益尊大人與家公有

兄弟之誼者誠如貴諭而足下才識又襄所風慕嚮相見

匈卒未盡志意奉別之後爽然自失而公館偸閒遺書而

行見其意氣懃懇一見相許使襄盡言無怠襄烏致有所

隱伏哉至揄揚之語每讀之愧縮不自容若是者襄所不

山陽遺稿文十卷詩七卷拾遺一卷附録一卷

日本明治十二年（1879）同盟書樓翻刻本
DC0907五册

　　日本賴襄著。

　　書高18釐米，寬12釐米。版框高14.7釐米，寬10.7釐米。每半葉十行，行二十二字。白口，單黑魚尾，四周單邊。魚尾上方記“山陽遺稿”，魚尾下記卷次，又下記類目及葉次。書衣書籤題“山陽遺稿”及類目名、册次。内封鎸“明治十二年五月重雕/山陽遺稿文詩全六册/販者書林同盟書樓梓”。

　　文卷一首葉第一行題“山陽遺稿卷之一”，第二行題“賴襄子成著”，第三行正文。

　　闕第五册：詩卷一至卷五。

　　書中鈐“木呂子藏書”朱印。

山陽遺稿卷之十

賴襄子成著

書

答古賀溥鄉書

襄白溥鄉足下、嚮從駕東後、辱問家公、因得相見、又

辱賜書、當速奉答、而因循不果、幸勿見罪、蓋尊大人

與家公、有兄弟之誼者、誠如貴諭、而足下才識、又襄

所風慕嚮、相見囪卒、未盡志意、奉別之後、爽然自失、

而公館偷閒、遺書而行、見其意氣懃懇、十見相許、使

襄盡言無忌、襄焉敢有所隱伏哉、至揄揚之語、每讀

山陽遺高卷一 文 二

山陽遺稿文十卷詩七卷拾遺一卷附録一卷

日本明治十二年（1879）山本重助翻刻本

DC0908四册

　　日本賴襄著。

　　書高18釐米，寬12釐米。版框高14.7釐米，寬10.7釐米。每半葉十行，行二十二字。白口，單黑魚尾，四周單邊。魚尾上方記 "山陽遺稿"，魚尾下記卷次，又下記類目及葉次。書衣書籤題 "山陽遺稿" 下題 "文"，又下題 "三"。書末有明治十二年翻刻刊記。書末鈐 "廣島矢倉收下上河眞次郎書物賣處" 朱印記。

　　文卷六首葉第一行題 "山陽遺稿卷之六"，第二行題 "賴襄子成著"，第三行正文。

　　闕第一至二册：文卷一至卷五。

　　書中鈐 "小川氏藏書之印章"、"小川" 朱印。

　　案語：與DC0907日本明治十二年同盟書樓翻刻本同版。

山陽遺稿卷之六

賴襄 子成著

記

理窟記

俎良孟符學醫、最喜喝蘭究理之說、顏其齋曰理窟、而索
記於余、余曰、理豈有窟乎哉、理而有窟不可謂之理、理也
者、彌天地、亘古今、無有內外者矣、上而日月星辰之所以
行、下而山川草木之所以著、中而父子君臣夫婦朋友賓
主之所以文、而治亂興亡得失之所以別、無往而非理也、
尋其所謂窟者、果何在哉、且夫喝蘭人之曰理者、非理也

山陽遺稿 卷之六 文

山陽遺稿文十卷詩七卷拾遺一卷附録一卷

日本明治十三年（1880）兩山社翻刻本

DC0909五册

日本賴襄著。

書高18.3釐米，寬13.5釐米。版框高15.4釐米，寬10.7釐米。兩截版，每半葉十一行，行二十四字。上截版高9釐米，無文字。上黑口，單黑魚尾，四周雙邊。魚尾下方記"山陽遺稿"及卷次、類目，再下記葉次。書衣書籤題"山陽遺稿"、類名及册次。内封鐫"明治十三年七月/山陽遺稿/兩山社藏"。書末有明治十三年翻刻刊記。

卷一首葉第一行題"山陽遺稿卷之一"，第二行下題"賴襄子成著"，第三行起正文。

書首有天保辛丑年篠崎弼撰"題山陽遺稿序"，"山陽遺稿目録"。

山陽遺稿卷之一

賴襄　子成著

書

○○答古賀溥卿書

襄白溥卿足下嚮從駕東役辱問家公因得相見又辱賜書當

速奉答而因循不果幸勿見罪益尊大夫與家公有兄弟之誼

者誠如貴諭而足下才識又襄所夙慕嚮相見自幸未盡志意

奉別之後爽然自失而公館偷間遣書而行見其意氣勤懇一

見相許使襄盡言無忌襄焉敢有所隱伏哉至揄揚之語每讀

之愧縮不自容若是者襄所不欲聞也若夫所論儒習之陋乃

古今通患而此間為其所謂挽傲之氣勝而兼容之量乏可謂

山陽遺高卷一　文〇一

又一部

DC0910一册

書高17.7釐米, 寬12釐米。版框高
13.4釐米, 寬10.6釐米。

存文卷一至卷五。文卷四至卷五配
明治十二年翻刻本。

書中鈐"相田"、"磯野印"朱印。

山陽遺稿卷之一　　　　　賴襄　子成著

書

○○荅古賀溥卿書

襄白溥卿足下嚮從駕東役辱問家公因得相見又辱賜書當
速奉荅而因循不果幸勿見罪蓋尊大人與家公有兄弟之誼
者誠如貴諭而足下才識又襄所夙慕鄉相見圖卒未盡志意
奉別之後爽然自失而公館偷閒遣書而行見其意氣勲懇一
見相許使襄盡言無忌襄焉敢有所隱伏哉至揄揚之語每讀
之愧縮不自容若是者襄所不欲聞也若夫所論儒習之陋乃
古今通患而此間為其所謂抗傲之氣勝而兼容之量尐可謂

山陽詩鈔八卷

日本天保癸巳(四年, 1833)五玉堂刻本
DC0903二册

　　日本賴襄著。

　　書高25.1釐米, 寬17.8釐米。二截版, 版框高17.9釐米, 寬13.6釐米。每半葉十行, 行二十字。上下黑口, 雙黑魚尾, 左右雙邊。上魚尾下方記 "山陽詩鈔" 及卷次, 下魚尾上方記葉次。上截版高3.1釐米。每半葉二十行, 行八字。書衣書籤題 "山陽詩鈔"。內封鐫 "天保癸巳新鐫/山陽詩鈔/書林五玉堂藏"。

　　卷一首葉第一行題 "山陽詩鈔卷之一", 第二行上空三格題 "賴襄子成著", 下空六格題 "後藤機校", 第三行起正文。

　　書首有天保三年筱崎弼撰序, 筱崎弼錄子成評定。

　　書中鈐 "田載子成"、"藍青"、"吉田文庫" 朱印。

山陽詩鈔卷之一

賴襄子成著　　後藤機校

癸丑歲偶作

十有三春秋逝者已如水天地無始終人生有生死

安得類古人千載列青史

甲寅首春作時懷家君在東邸

黃鳥嗜嗜日載陽辛盤遙拜向東方霞關應侍春風

座會香画頭憶故鄉

咏梅

十株臨水靜龍蟠擬養孤芳傲歲寒自有松篁足相

山陽詩鈔八卷

日本天保癸巳(四年, 1833)五玉堂刻後印本

DC0904四册

日本賴襄著。

書高25.5釐米, 寬17.5釐米。二截版, 版框高17.9釐米, 寬13.6釐米。每半葉十行, 行二十字。上下黑口, 雙黑魚尾, 左右雙邊。上魚尾下方記 "山陽詩鈔" 及卷次, 下魚尾上方記葉次。上截版高3.1釐米。每半葉二十行, 行八字。書衣書籤題 "山陽詩鈔"。內封題 "天保癸巳新鐫/山陽詩鈔/書林五玉堂藏"。

卷一首葉第一行題 "山陽詩鈔卷之一", 第二行上空三格題 "賴襄子成著", 下空六格題 "後藤機校", 第三行起正文。

書首有天保三年筱崎弼撰序, 筱崎弼錄子成評定。

全書有朱筆批注。

書中鈐 "松井" 朱印。

山陽詩鈔卷之一

賴襄子成著　後藤機校

癸丑歲偶作

十有三春秋逝者已如水天地無始終人生有生死

安得類古人千載列青史

甲寅首春作時懷家君在東邸

黃鳥喈喈日載陽辛盤遙拜向東方霞關應侍春風

座曾否回頭憶故鄉

咏梅

一株臨水靜龍蟠擬養孤芳傲歲寒自有松篁足相

山陽文稿二卷

日本明治十一年（1878）和田茂十郎刻本

DC0905二册

    日本賴襄著。

    書高18.2釐米，寬12.4釐米。版框高14.4釐米，寬11.1釐米。每半葉十行，行二十字。白口，單黑魚尾，四周單邊。魚尾上方記"山陽文稿"，版心下方記卷次及葉次。内封鐫"明治庚午新雕/山陽文稿/明治十一年十一月翻刻"。書末有明治十一年刊記。

    卷上首葉第一行題"山陽文稿卷之上"，第二行起正文。

    書首有文化甲子賴襄撰體例。

山陽文稿卷之上

政刑德禮論

亂天下之術莫要於使民有耻民之有耻所以亂也

民之無耻所以亂也舍所以亂而取所以亂者滔滔

乎衆我常人不足恠即儒生亦有之蓋以此為疎濶

而以彼為有效爾我夫子慮之也於是訓之曰道之

以政齊之以刑民免而无耻道之以德齊之以禮有

耻且格免而无耻者周季以後之民為然有耻且格

者成康以前之民為然成康以前之亂天下也先之

以德行以道其民曰冝如此矣而猶有不如此者則

山陽文稿

星巖詩存九卷詩外第一集三卷詩外第二集三卷

日本文久癸亥 (三年, 1863) 三書房刻本

DC0911四册

　　日本梁川星巖著。

　　梁川星巖 (1789—1858), 名孟緯, 字公圖, 美濃人。

　　書高26.1釐米, 寬18.4釐米。版框高18.4釐米, 寬13.3釐米。每半葉九行, 行二十一字, 小字雙行, 字數同。上下黑口, 雙黑魚尾, 左右雙邊。魚尾下方記 "星巖先生遺稿" 及卷次, 又下方記葉次。內封鎸 "文久癸亥梓/星巖先生遺槀/三書房藏版"。

　　卷一首葉第一行題 "星巖詩存卷一", 第二至三行行間題 "三野逸民梁孟緯著", 第四行起正文。

　　書首有像及賴復書 "星巖自贊", 安政四年純齊 "星巖先生詩存題詞", 文久癸亥江馬欽、宇田淵撰凡例, "星巖先生遺稿目錄"。書末有書林聖華房出版書目。

　　書中夾本書內封一紙。

星巖詩存卷一

三野逸民梁孟緯著

西歸集起乙巳七月盡丙午十二月

回鄉絕句

絕佳風味聚吾鄉白首歸來滿意嘗好在溪山秋次第。

鯷魚香老薑花香。

滿堂茶霧溠衣巾重見團欒情話真一夢杳然蹤巳隔。

瓊花璧月麗都春。

星巖集註甲集二卷乙集四卷丙集十卷
丁集五卷閏集一卷

日本昭和三年（1928）小倉正恒刻本

DC0912二函八册

日本梁川星巖著。

書高27釐米，寬17.9釐米。版框高18.4釐米，寬13.2釐米。每半葉九行，行二十四字，小字雙行，字數同。下黑口，單黑魚尾，左右雙邊。魚尾上方記"星巖集註"及類目，魚尾下方記卷次，又下方記葉次。書衣書籤題"星巖集註"及集次、本册起止卷次。內封鐫"梁緯公圖撰小蘇牧註/小倉正恒校刊/星巖集註/平江吳蔭培題"，乙集、丙集、丁集同，內封背面鐫小字"昭和二年丁卯孟/夏月開雕於申江"。

卷一首葉第一行題"星巖集註甲集卷一"，第二行上空二格題"梁緯公圖撰"，下空八格題"木蘇牧註"，第三行題"小倉正恒校刊"，第四行起正文。

書首有昭和三年小倉正恒撰"星巖先生事略"，昭和二年小倉正恒撰例言，天保十一年林銑撰"星巖集序"，辛丑朝川鼎撰"星巖詩集序"，天保八年筱崎弼序，天保丁酉廣賴題辭。書末有昭和三年刊記。

星巖集註甲集卷一

梁　緯公圖撰

木蘇　牧註

小倉正恆校刊

蠡海集　起庚午九月、盡丁丑八月、

天龍河上口號　以下五首係再赴江戶途中作、時年二十二、

一道奔流劈地開。灘聲捲雨鬪風雷。蹇予不有飛蚍翼。原本作無翼其

飛蚍今從兩度天龍河上來。

星翁後改

蹇予　李白訓岑勛見尋云云詩蹇予未相知齊賢曰離騷註

蹇難也、正恆案太白蹇予本離騷蹇吾蹇謇相通爲

發語辭爲得之、王洪騷註六臣選註蹇謇謌諸解皆失之、

或誤本文句讀唯朱子蹇難詞也之註與發語辭足相補山

東海道中詩一卷

日本天保丁酉（八年，1837）詩山堂刻本

DC0918一函一冊

日本小畑行簡著。

小畑行簡(1794—1875)，字居敬，通稱良卓，號詩山，又號眞隱，日本陸奧志田郡人。

書高18.1釐米，寬11.8釐米。版框高13釐米，寬9.3釐米。每半葉八行，行十八字，小字雙行，字數同。白口，單黑魚尾，左右雙邊。魚尾上方記“東海道中詩”，版心下方記葉次。内封鐫“天保丁酉春發兊/詩山小畑先生著/東海道中詩/詩山堂藏梓”。

卷端第一行題“東海道中詩”，第二行題“仙臺小畑良卓著”，第三行起正文。

書首有天保丙申大窪序，丙申池桐孫序，天保丙申大槻崇撰“東海道中詩引”，天保七年小畑良卓撰“自引”，“東海道中詩題詞”。書末有詩山小畑先生著述目錄。

東海道中詩

仙臺　小畑良卓　著

京都

御所公卿列粉墻娘兒妓女競紅粧琴歌鼓笛

喧呼裏別有風流華月郷

大津

八慶名區一慶攅琵琶湖上眼前看生鱧戸賣

麗風畫墨染僧衣鬼面丹

宕陰存稿十三卷補遺一卷

日本明治三年（1870）鹽谷氏刻本

DC0913五册

日本鹽谷世弘著。

鹽谷世弘（1809—1867），字毅侯，號宕陰，日本江戶人。

書高25.7釐米，寬17.3釐米。版框高17.7釐米，寬13.2釐米。每半葉九行，行二十字。白口，上單黑魚尾，四周雙邊。魚尾上方記"宕陰存稿"，魚尾下方記卷次，再下記葉次，版心底部鐫"鹽谷氏藏梓"。書末有明治三年刊記。

卷三首葉第一行題"宕陰存稿卷三"，第二行題"江門鹽谷世弘著"，第三行起正文。

闕卷一至二。

容陰存稿卷三　　　　　　　江門不鹽谷世弘著

送木下士勤序

宵靜更深芃然而坐仰棟而思鄙咨之念時或藥乎
方寸既而就枕有端然而臨悄乎而言以責我者心
懼而念消其人則十三畏友也而木下士勤居多顧
士勤其何以使予畏之至乎此哉向者予之養母也
洎士勤具慶之日也雖不觀其奉歡膝下扇枕溫被
之容仰其望雲之眉而忖其愛日之心自知其不及

息軒遺稿四卷

日本明治十一年（1878）安井千菊刻本

DC0914四册

日安井衡著。

安井衡（1799—1876），字仲平，號息軒。日本宮崎縣清武鎮人。

書高22.6釐米，寬15.2釐米。版框高16.9釐米，寬12釐米。每半葉十行，行二十字。白口，單黑魚尾，左右雙邊。魚尾上方記"息軒遺稿"，魚尾下方記卷次，再下記葉次，版心底部鎸"安井氏藏"。書内封鎸"息軒遺稿"。書末有明治十一年刊記。

卷一首葉第一行題"息軒遺稿卷之一"，第二行題"日南息軒安井衡著"，第三行起正文。

書首有明治戊寅川田剛毅撰"息軒遺稿序"，明治丁丑芳野世育撰"息軒遺文序"，"息軒遺稿目次"。

息軒遺稿卷之一

鬼神論上

日南　息軒　安井衡　著

有轟然震於天者、指而告人曰雷也、人從而信之、有
奮然躍於淵者、指而告人曰龍也、亦從而信之、以其
有形與聲耳、是故風之蓬然而行也、驟於萬物之竅、
氣之蒸々而升也、浮於朝陽之隙、故有是物、必有是
名、因名以求實、雖變如雷龍、微如風氣、我得而知之、
其唯鬼神乎、視之而不見、聽之而不聞、若森然尭於
天地之間、而莫能得其狀、則古者何以詼是名也、今

北潛日抄二卷

日本大正十四年（1925）鉛印本
DC0915一函二册

日本安井衡撰。

書高26.2釐米，寬15.2釐米。版框高17.7釐米，寬12.4釐米。每半葉十一行，行二十三字。上下黑口，單黑魚尾，左右雙邊。魚尾上方記 "北潛日抄"，下方記卷次，版心下記葉次。內封印 "北潛日抄二卷"，書末有大正十四年刊記。

卷一首葉第一行題 "北潛日抄卷一"，第二、三行行間題 "日南安井衡著"，第四行起正文。

書首有 "息焉舍圖" 相片一張，及明治戊辰陳人衡撰 "息焉舍記"。

北潛日抄卷一

日南　安井衡著

慶應三年丁卯天下益多事府庫空竭有司多方聚斂殆不
能支秋八月幕士有采邑者命借其半予家世仕伊東氏文
久壬戌十二月徵於幕府命爲昌平教授甲子二月遷塙邑
令八月罷素餐四年至此自謂凡幕士有采邑者皆勳舊功
勞之家而今借其半予何爲者敢辱全祿僅僅二百石雖則
云大倉之一粟素餐於此時獨不愧於心哉乃欲抗疏致仕
而有司驚怪不敢達十一月男益以事語所善堀錠堀忼慨
之士也聞而善之爲告管長井上某某亦善之於是十二月

北潛日抄　卷一

一

文選六十卷

明嘉靖四年（1525）晉藩養德書院刻本

DC0338四函二十册

梁蕭統選，唐李善注。

蕭統（501—531），字德施，小字維摩，南蘭陵人。梁武帝蕭衍長子，立為太子，未即位而去世，謚昭明。李善（630—689），唐代知名學者，江都人。歷任録事參軍、秘書郎、崇賢館直學士兼沛王侍讀、涇城縣令。

書高33.8釐米，寬19釐米。版框高23.1釐米，寬15.1釐米。每半葉十行，行二十二字，小字雙行，字數同。上中下大黑口，雙黑魚尾，四周雙邊。上下魚尾間記"文選"及卷次，下魚尾下記葉次，下黑書口偶有刻工姓名。

卷一首葉第一行題"文選卷第一"，第二行題"梁昭明太子選"，第三、四行題"唐文林郎守太子右內率府録事參/軍事崇賢館直學士臣李善注上"，第五、六行題"晉府/勅賜養德書院校正重刊"，第七行起正文。

書首有嘉靖八年"皇帝書復弟晉王"，嘉靖八年晉王復書，嘉靖四年晉藩"重刊漢文選序"，嘉靖四年周宣"晉藩重刻文選序"，顯慶三年"唐李崇賢上文選注表"，開元六年"呂延祚進五臣集注文選表"，昭明太子"文選序"，余璉序，"文選目録"。書末有嘉靖六年晉藩"刻漢文選後序"。

書中鈐"大倉文化財團藏書"朱印。

文選卷第一

梁昭明太子選

唐文林郎守太子右內率府錄事系
軍事崇賢館直學士臣李善注上

晉府

勅賜養德書院校正重刊

賦甲 賦甲者舊題甲乙所以紀卷先後今卷
晚改故甲乙迻除存其首題以明舊式

京都上

班孟堅兩都賦二首 白光武至和帝都洛陽西京
父老有怨班固恐帝去洛陽
故上此詞以諫
和帝大悅也

六家文選六十卷

明嘉靖吳郡袁褧嘉趣堂刻本
DC0766六函三十六册

梁蕭統撰,唐李善、呂延濟、劉良、張銑、呂向、李周翰注。

書高30.5釐米,寬21.2釐米。版框高24.1釐米,寬18.7釐米。每半葉十一行,行十八字,小字雙行,行二十六字。白口,無魚尾,左右雙邊。版心中部記"文選"及卷次,又下方記葉次,版心下方記刻工。

卷一首葉第一行題"六家文選卷第一",第二行題"梁昭明太子撰",第三行題"唐五臣注",第四行題"崇賢館直學士李善注",第五行起正文。

書首有昭明太子"文選序",序後牌記鐫"淳熙歲次/己酉吉旦","六家文選目録"。

有鈔配。

書中鈐"中秘國學圖籍印章"、"廣陽陳氏碻菴慎獨齋珍積圖史"、"華亭朱氏守藏"、"焦氏藏書"、"秀水莊氏蘭味軒收藏印"、"吳森之印"、"華亭朱氏"朱印。

案語:嘉趣堂原版昭明序末葉牌記鐫"此集精加校正絕/無舛誤見在廣都/縣北門裴宅印賣",此本末葉為後人抽去,以空白原襯紙印改鐫版以充宋刻。

六家文選卷第一

梁昭明太子撰

唐五臣注

崇賢館直學士李子善注

賦

京都上

班孟堅兩都賦二首 善曰自光武至和帝
都洛陽西京父老有
怨班固恐帝去洛陽故上
此詞以諫和帝大悦也

兩都賦序

班孟堅 銑曰漢書云班固字孟堅扶風安陵人九
歲能屬文至明帝時爲蘭臺令史遷爲郎
後竇憲出征匈奴以固爲中護軍憲女坐免官
死獄中明帝備洛陽西土父老怨俗不那善妄

六臣註文選六十卷

日本寬文二年（1662）刻本
DC0767六十一册

梁蕭統撰，唐李善、呂延濟、劉良、張銑、呂向、李周翰注。

書高27.2釐米，寬19.6釐米。版框高21.9釐米，寬17.2釐米。每半葉九行，行十八字，小字雙行，字數同。上下黑口，雙花魚尾，四周單邊。上魚尾下方記"文選"及卷次，又下方記葉次。書衣書籤題"文選六臣註"。書末有日本寬文二年刊記，題"寬文二壬寅歲正月吉日/洛陽烏丸通下立賣下町/野田庄右衛門重周/書堂/洛陽京極通下本能寺前町/八尾堪兵衛友久"。

卷一首葉第一行題"六臣註文選卷第一"，第二行題"梁昭明太子蕭統撰"，第三行題"唐/李善/呂延濟/劉良/張銑/李周翰/呂向/註"，第四行起正文。目録首葉第一行題"六臣註文選目録"，第二行題"梁昭明太子蕭統撰"，第三行題"唐/李善/呂延濟/劉良/張銑/李周翰/呂向/註"，第四行題"明新安吳勉學重校"，第五行目録。

書首有昭明太子"文選序"，開元六年呂延祚"進五臣集註文選表"，顯慶三年"李善上文選註表"，文選姓氏，"六臣註文選目録"。

書中有朱筆點校。

書中鈐"織田氏圖書記"朱印。

六臣註文選卷第一

梁昭明太子蕭　統　撰

唐　李善　呂延濟　劉良
李周翰　呂向
張銑　註

賦甲
卷既改。故甲乙並除。存其首題。以明舊式

善曰。賦甲者。舊題甲乙。所以紀卷先後。今

京都上

兩都賦序
善曰。自光武至和帝都洛陽。西京父老有怨。班固恐帝去洛陽。
故上此詞以諫。和帝大悅

班孟堅
善曰。後漢書。班固字孟堅北地
人。九歲能屬文。長遂傳貫載籍。
顯宗時。除蘭臺令史遷為郎。乃上兩
都賦。大將軍竇憲出征匈奴。以固為

六臣註文選六十卷

民國上海涵芬樓影印《四部叢刊》本
DC0768三十册

  梁蕭統撰,唐李善、呂延濟、劉良、張銑、呂向、李周翰注。

  書高20.1釐米,寬13.3釐米。版框高13.9釐米,寬9.2釐米。每半葉十行,行十八字,小字雙行,行二十三字。上下黑口,雙黑魚尾,左右雙邊。版心上黑口上方記字數,上魚尾下方記"文選"及卷次,下魚尾上方記葉次。書衣書籤、書根題"六臣註文選"及册次。書内封鐫"六臣注文/選/四部叢刊集部",内封背面鐫"上海涵芬樓藏宋刊本原書板高營造尺六寸七分寬營造尺四寸五分"。

  卷一首葉第一行題"六臣註文選卷第一",第二行題"梁昭明太子撰",第三行題"唐李善并五臣註",第四行起正文。

  書前有開元六年"呂延祚進五臣集註文選表",昭明太子"六臣註文選序","六臣註文選目録"。

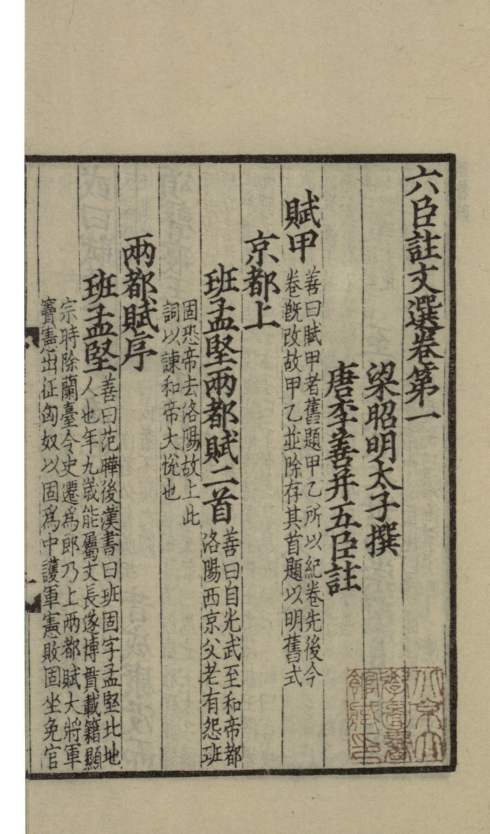

六臣註文選卷第一

梁昭明太子撰

唐李善并五臣註

賦甲 善曰賦甲者舊題甲乙所以紀卷先後今卷既改故甲乙並除存其首題以明舊式

京都上

班孟堅兩都賦二首 善曰自光武至和帝都洛陽西京父老有怨班固恐帝去洛陽故上此詞以諫和帝大悦也

兩都賦序

班孟堅 善曰范曄後漢書曰班固字孟堅此地人也年九歲能屬文長遂博貫載籍顯宗時除蘭臺令史遷為郎乃上兩都賦大將軍竇憲出征匈奴以固為中護軍憲敗固坐免官

玉臺新詠十卷

明崇禎六年(1633)趙均小宛堂刻本

DC0364一函二册

陳徐陵撰。

徐陵(507—583),字孝穆,東海郯人。入陳後歷任尚書左僕射,中書監等職。諡曰章。

書高27.1釐米,寬16.3釐米。版框高20.9釐米,寬14.2釐米。每半葉十五行,行三十字。上下細黑口,左右雙邊。版心中部記"玉臺新詠"及卷次,版心下記葉次。

卷一首葉第一行題"玉臺新詠卷第一",第二行題"陳尚書左僕射太子少傅東海徐陵字孝穆撰",第三行起正文。

書首有徐陵"玉臺新詠集并序",序末行"陳尚書左僕射太子少傅東海徐陵字孝穆撰"挖移至序首第二行。書末有陳玉父"後敘",崇禎六年趙均"玉臺新詠集跋"。

書中鈐"翰林院印"(滿漢文)、"景岑"、"畿輔譚氏藏書印"、"篤生經眼"、"大倉文化財團藏書"朱印。

玉臺新詠卷第一

陳尚書左僕射太子少傅東海徐陵字孝穆撰

○古詩八首

上山采蘼蕪下山逢故夫長跪問故夫新人復何如新人雖言好未若故人姝顏色類相似手爪不相如新人從門入故人從閣去新人工織縑故人工織素織縑日一匹織素五丈餘將縑來比素新人不如故

凜凜歲暮蟋蟀多鳴悲涼風率已厲遊子寒無衣錦衾遺洛浦同袍與我違獨宿累長夜夢想見容輝良人惟古歡枉駕惠前綏願得常巧笑攜手同車歸既來不須臾又不處重闈諒無晨風翼焉能凌風飛眄睞以適意引領遙相睎

松陵集十卷

明弘治壬戌（十五年，1502）劉濟民刻本
DC0367一函四册

唐陸龜蒙、皮日休撰。

陸龜蒙（？—881），字魯望，江蘇吳江人。舉進士不中。曾為湖州、蘇州從事。後隱居松江甫里。皮日休（？—902），字襲美，一字逸少。咸通八年進士，官至翰林學士。

書高26.2釐米，寬15.8釐米。版框高18.5釐米，寬14.1釐米。每半葉十行，行十八字。上下細黑口，單黑魚尾，左右雙邊。魚尾下方記"松陵"及卷次，版心下方記葉次。

卷一首葉第一行題"松陵集卷第一"，下小字題"往體詩一十二首"，第二行起正文。

書首有皮日休"松陵集序"。書末有弘治壬戌吳都穆跋。

書中鈐"沈與文印"、"姑餘山人"、"大倉文化財團藏書"朱印。

松陵集卷第一 往體詩一十二

讀襄陽耆舊傳因作詩五百言寄皮襲

　　美

　　　　鄉貢進士陸龜蒙

漢皋古來雄山水天下秀高當轇轕分化作英

皇囿暴秦之前人灰滅不可究自從宋生賢將

立冠者自舊離騷既日月九辯即列宿卓武悲秋

辭欽合在風雅右龐公樂幽隱辟聘無所就孤愛

龐門泉泠泠倚巖漱孔明卧龍者潛伏躬耕耨

忽遭玄德雲遙起麟角鬪三胡節皆峻二習名

亦茂其餘文武家相望如斥候緬思齊梁降寂

文苑英華一千卷

明藍絲欄寫本

DC0365二十函一百零一册

宋李昉等輯。

書高30.6釐米，寬18.3釐米。版框高20.1釐米，寬14.7釐米。每半葉十一行，行二十四字，小字雙行，字數同。白口。版心中藍印 "文苑英華"。

卷一首葉闕，字有殘。卷二首葉第一行頂格題 "文苑英華卷第二"，下空九格題 "賦二"，第二行起正文。目錄首葉第一行題 "文苑英華目錄"，第二行題 "翰林學士朝請大夫中書舍人廣平縣開國男食邑三百戶上柱國賜紫金魚袋宋白等奉敕撰"，第三行目錄。

書首錄《國朝會要》、《續資治通鑑長編》、《中興館閣書目》等所載相關事實，嘉泰四年周必大識語，"文苑英華目錄"。

卷二百一至二百十、卷四百六十一至四百七十為無格抄配。書首多處字殘缺。目錄記至九百九十四卷，不到尾。

書函套書籤墨書 "明人寫本藍絲界文苑英華"。書根墨書 "文苑英華" 及册次。書中鈐 "伯謙"、"小齋"、"大倉文化財團藏書" 朱印。

文苑英華卷第二

賦二

天象二

日賦三首

日中有王字賦二首

黃人守日賦一首

二黃人守日賦二首

太陽合朔不虧賦一首

日賦　　　　　李邕

惟元氣之擆儀式景曜之騰烈何崇蓋而西轉駿流光之東晰

豈盈縮芳彌歲亦畏愛芳異節曒淑色而布穌赫炎氛而生熟

所謂純精至高至明爛龍照灼以首事竣鳥奮迅而演成開天

地之司目為帝王之我兄文思以之寅餞神武以之揭行是以

簫朝有政建旲未食揚揮而四方動色霽景而万物螢觀窈雲

文粹一百卷

明初刻本

DC0340四函四十册

宋姚鉉纂。

姚鉉（968—1020），字寶之。廬州合肥人。太平興國八年進士，官至兩浙路轉運史。

書高27.1釐米，寬16.9釐米。版框高20.5釐米，寬14.2釐米。每半葉十五行，行二十五字。上下細黑口，雙黑魚尾，四周雙邊或左右雙邊。上魚尾下方記"唐文"或"文粹"及卷次，下魚尾下記葉次，版心下記刻工。

書一首葉第一行題"文粹卷第一"，第二行題"吳興姚鉉纂"，第三行起正文。

書首有姚鉉"文粹序"。書後有寶元二年施昌言"文粹後序"。

書衣書籤題"文粹元刻辛亥六月孫壯題"。書中鈐"徐健菴"、"乾學"、"譚錫慶學看元本書籍印"、"篤生經眼"、"大倉文化財團藏書"朱印。

文粹卷第一

古賦　　摠二首

聖德

含元殿賦李華　　阿房宮賦杜牧

含元殿賦并序　　明堂賦李白

李華　　吳興姚

含元殿賦并序
李華

宮殿之賦，論者以靈光爲宗，然諸侯之遺事，蓋務恢張飛動而已。自兹已降，代有辭傑，播於聲頌則無聞焉。夫先王建都營室，必相地形，詢卜筮，考農隙，工以子來，虞人獻山林之幹，太史占日月之吉，雖班張左思角立前代，未能備也。而襄之文士，賦長笛洞簫，壞握之細則廣言山川之阻，採伐之勤，至于都邑宮室宏模廓廋，則略而不云，其體病矣。至若陰陽慘舒之變，宜於壯麗，棟宇繩墨之間，鄰於政教，豈前脩不逮，將俟聖德而啓臣心，輒極思慮，作含元殿賦，陋百王之制度，出羣子之胸臆，非敢厚自夸耀，以希名譽，欲使後之觀者，知聖代有頌德之臣焉。其辭曰：

維皇高宗，穆穆端命于玄穹，萬有千歲，鍾景祚于洪裔，建北宮之尊

重校正唐文粹一百卷

明嘉靖甲申（三年，1524）徐焞刻本
DC0341四函三十二册

　　宋姚鉉纂。

　　書高27.8釐米，寬18.2釐米。版框高20.1釐米，寬14.3釐米。每半葉十四行，行二十五字。白口，單黑魚尾，左右雙邊。魚尾下方記"文粹"及卷次，下記葉次，版心下記刻工姓名。姚序、目録及每十卷後鐫刊記"嘉靖甲申歲太學生姑蘇徐焞文明刻于家塾"。

　　卷一首葉第一行題"重校正唐文粹卷第一"，第二行題"吳興姚鉉纂"，第三行起正文。

　　書首有姚鉉"唐文粹序"，嘉靖甲申汪偉器"重雕唐文粹序"，"重校正唐文粹目録"。書末有寶元二年施昌言"唐文粹後序"。

　　書中鈐"葉氏菉竹堂藏書"、"大倉文化財團藏書"朱印。

重校正唐文粹卷第一

吳興姚

鉉

古賦甲 揔三首

聖德二

含元殿賦 李華　明堂賦 李白

失道一

阿房宮賦 杜牧

含元殿賦 并序

李華

宮殿之賦論者以靈光爲宗然諸侯之遺事蓋務恢張飛動而巳

自茲巳降代有辭傑播於聲頌則無聞焉夫先王建都營室必相

地形詢卜筮考農隙工以子來虞人獻山林之榦太史占日月之

吉雖班張左思角立前代未能備也而襄之文士賦長笛洞簫懷

握之細則廣言山川之阻採伐之勤至于都邑宮室宏模廓度則

略而不云其體病矣至若陰陽慘舒之變宜於壯麗棟宇繩墨之

李潮

又一部

DC0772四函二十四册

書高27.3釐米，寬17.5釐米。版框高20.3釐米，寬14.2釐米。

書首有嘉靖甲申汪偉器"重雕唐文粹序"，姚鉉"唐文粹序"，序末行鎸"嘉靖甲申歲太學生姑蘇徐焴文明刻于家塾"，"重校正唐文粹目録"。書末有寶元二年施昌言"唐文粹後序"。

書中鈐"獨山莫氏銅井文房之印"、"大倉文化財團藏書"朱印。

重校正唐文粹卷第一

吳興姚鉉纂

宮殿之賦論者以靈光爲宗然諸侯之遺事蓋務恢張飛動而已
自兹已降代有辭傑播於聲頌則無聞焉夫先王建都營室必相
地形詢卜筮考農隙工以子來庶人獻山林之幹太史占日月之
吉雖班張左思角立前代未能備也而曩之文士賦長笛洞簫懷
握之細則廣言山川之阻採代之勤至于都邑宮室宏模廓度則
略而不云其體病矣至若陰陽慘舒之變宜於壯麗棟宇繩墨之

大宋文鑑一百五十卷

明正德十三年（1518）慎獨齋刻本
DC0346二十一册

　　　　宋呂祖謙銓次。

　　　　呂祖謙（1137—1181），字伯恭，婺州人。隆興元年進士，官
至直秘閣著作郎國史編修。卒謚成。

　　　　書高26.3釐米，寬16.4釐米。版框高18.7釐米，寬11.9釐米。
每半葉十二行，行二十五字。細黑口，雙黑魚尾，四周雙邊。上魚
尾上方記 "宋文鑑" 及卷次，兩魚尾間記文名，下魚尾下方記葉
次。總目後有刊記題 "皇明正德十三年慎獨齋鼎新刊行"。卷一後
有刊記題 "皇明正德戊寅慎獨齋新刊行"。

　　　　卷一首葉第一行題 "大宋文鑑卷第一"，第二至四行題 "朝
奉郎行秘書省著作佐郎兼國史院編脩官兼權禮部郎/官臣呂祖謙
奉/聖旨銓次"，第五行起正文。

　　　　書首有周必大 "宋朝文鑑序"，呂祖謙 "宋朝文鑑表"，天順
八年商輅 "新刊宋文鑑序"，弘治甲子胡拱 "宋文鑑序"，"宋朝
文鑑總目"。

　　　　闕卷十八至二十三、三十至三十五、七十八至八十四。

　　　　書中鈐 "東屏"、"新有軒"、"嘉泰私印"、"心太平"、"周士
別字六州"、"丁亥春生"、"文楨私印"、"大倉文化財團藏書"
朱印。

宋本無類字

大宋文鑑卷第一

朝奉郎行祕書省著作佐郎兼國史院編脩官兼權

官臣呂祖謙奉

聖言銓次

賦類

五鳳樓賦	梁	周翰
藉田賦	王	禹偁
端居賦	种	放
大蒐賦	丁	謂
洞庭賦	夏侯	嘉正
矮松賦	王	曾
聲賦	張	詠

唐僧弘秀集十卷

明末李春澤刻本
DC0342一函二册

宋李龏編。

李龏（1194—?），字和父，號雪林，祖籍菏澤。

書高27.8釐米，寬17.1釐米。版框高19.7釐米，寬13.6釐米。每半葉八行，行十八字，小字雙行，字數同。白口，無魚尾，四周單邊。版心上方記 "弘秀集" 及卷次，下方記葉次。

卷一首葉第一行題 "唐僧弘秀集卷一"，第二行題 "宋荷澤李龏和父編"，第三行題 "明吳興沈春澤雨若校"，第四行起正文。

書首有宋寶祐六年李龏 "唐僧弘秀集序"，"唐僧弘秀集目録"。

書中鈐 "秀水朱氏潛采堂圖書"、"翰林院印"（滿漢文）、"教經堂錢氏章"、"辛道人"、"教經堂"、"犀盦藏本"、"大倉文化財團藏書" 朱印。原書衣鈐 "乾隆三十八年十一月浙江巡撫三寶送到曝書亭舊藏唐僧宏秀集壹部計書貳册" 印記。

唐僧弘秀集卷一

　宋　荷澤李　龏和父編

　明　吳興沈春澤雨若校

皎然七十首

憂銅擬爲龍吟歌 并序

唐故太尉房公琯早歲曾隱終南山峻壁之

下往往聞龍吟聲清而靜滌人邪想時有好

事僧潛憂以五金寫之惟銅聲酷似他日房

弘秀集卷一

唐僧弘秀集三卷增廣唐宋高僧詩選前集一卷後集一卷續集一卷

日本元禄十二年（1699）平安書林集古館刻本

DC0773一函一冊

　　宋李龏、宋陳起編。

　　陳起，生卒年未詳，字宗之，號芸居，一號陳道人，臨安錢塘人。居杭城錢塘棚北大街睦親坊，開書肆陳宅經籍鋪。

　　書高27.5釐米，寬18.3釐米。版框高20.9釐米，寬14.3釐米。無行欄。每半葉九行，行二十字。白口，無魚尾，四周雙邊。版心上方記"弘秀集"及卷次，下方記葉次，底部鐫"壽白堂"。書衣書籤題"唐僧弘秀集"。書內封鐫"元禄己卯孟春/唐宋名僧詩選/弘秀集/平安書林集古館梓行"。書末鐫"元禄十二己卯龍集三月上浣/織田重兵衛雕刻"。

　　卷一首葉第一行題"唐僧弘秀集卷第一"，第二行題"荷澤李龏和父編"，第三行起正文。《增廣唐宋高僧詩選前集》首葉第一行題"增廣唐宋高僧詩選前集"，第二行題"錢唐陳起宗之編"，第三行正文。

　　書首有寶祐六年李龏"唐僧弘秀集序"，元祐元年楊傑"唐宋高僧詩集序"，"唐僧弘秀集目録"，"宋高僧詩集目録"。書根墨題"弘秀集"。書中有朱墨點校。

唐僧弘秀集卷第一

荷澤李龔和等父編（音弓）

皎然

周昉長史畫毘沙門天王歌

長史畫神獨感神高步區中無兩人雅而逸高且眞

形生虛無忽可親降魔大戟縮在手倚天長劍橫諸

紳慈威示物雖凛栗在德無秋惟有春吾知真像本

非邑此中妙用君心得苟能下筆合神造誤點三一點

亦為道寫出霜縑可舒卷何人曾識此情遠秋齋淸

弘秀集卷　一

壽白堂

中州集十卷樂府一卷

明弘治九年(1496)李瀚刻本

DC0350二函十一册

金元好問輯。

書高27釐米,寬16.2釐米。版框高18.8釐米,寬12.7釐米。每半葉十一行,行二十一字。上下黑口,雙黑魚尾,四周雙邊。上魚尾下方記"中州"及卷次,下魚尾下方記葉次。

卷一首有聖製二篇,第二葉首行題"中州甲集第一",第二行正文。

書首有元好問"中州集引",弘治丙辰嚴永濬序,"中州集序"(殘),"新刊中州集總目"。《中州集》後有張德輝後序。

書中鈐"少司寇兼御史中丞藍氏私印"、"藍氏白玉翁"、"泉心閣"、"大倉文化財團藏書"朱印。

中州甲集第一

宇文大學盧中五十首　吳學士激二十

張祕書斛一十八首　蔡丞相松年五十九首

蔡太常珪四十六首　高內翰士談三十子

馬御史定國三十一首

宇文大學盧中

虛中字叔通成都人宋黄門侍郎以奉使見留仕為翰
林學士丞旨皇統初上京諸房俘謀奉叔通為帥舉兵
仗南奔事覺繫詔獄諸貴先被叔通嘆朝笑積不平必欲
殺之乃鍛鍊所藏圖書為反具叔通嘆曰死自吾分至
於圖籍南來士大夫家例有之喻如高待制士談圖書

中州集十卷卷首一卷附中州樂府一卷

明末毛晉汲古閣刻本

DC0802 二函十二册

　　金元好問集。

　　書高26.1釐米,寬16.3釐米。版框高19釐米,寬13.6釐米。每半葉八行,行十九字。白口,左右雙邊。版心上方記"中州集",中部記卷次,下方記"汲古閣"。

　　卷一首葉第一行題"中州集卷第一",下空十一格題"甲集",第二行上空八格題"河東人元好問裕之集",第三行起正文。

　　書首有弘治丙辰嚴永濬"中州集序",元好問"中州集引","中州集姓氏揔目"。卷十末有毛晉識語。書末有庚戌張德輝"中州集後序"。《中州樂府》卷末有嘉靖丙申毛鳳韶識語,毛晉識語。

　　書中鈐"百城侯"、"鶴巢藏書"、"大倉文化財團藏書"朱印。

中州集卷第一

　　　　　　　　河東人元好問裕之集

宇文大學虛中 五十首

虛中字叔通成都人宋黃門侍郎以奉使
見晉仕為翰林學士承旨皇統初上京諸
虜俘謀奉叔通為帥奪兵仗南奔事覺繫
詔獄諸貴先被叔通嘲笑積不平必欲殺
之乃鍛鍊所藏圖書為反具叔通歎曰以

中州集
　　　　卷之一
　　　　　　　　及古閣

御訂全金詩增補中州集七十二卷卷首二卷

清康熙五十年（1711）內府刻本

DC0803四函三十二冊

　　　　金元好問原本，清郭元釪補輯。

　　　　郭元釪（？—1722），字於宮，江都人。官至中書舍人。

　　　　書高25.5釐米，寬16.4釐米。版框高17.9釐米，寬12.5釐米。每半葉八行，行十九字。上下細黑口，單黑魚尾，四周單邊。魚尾下方記 "全金詩" 及卷次，又下記葉次。

　　　　卷一首葉第一行題 "御訂全金詩增補中州集卷一"，第二行空，第三行題 "金元好問原本"，第四行空，第五行起正文。目錄首葉第一行題 "御訂全金詩增補中州集目錄"，第二行空，第三行空三格題 "金元好問原本"，下空二格題 "臣郭元釪補輯"，第四行空，第五行起正文。

　　　　書首有康熙五十年 "御製全金詩序"，"御訂全金詩增補中州集目錄"。

　　　　書中鈐 "隴西友蘭氏審定書畫" 朱印。

御訂全金詩增補中州集卷一

金元好問原本

諸相上

張郢王通古 一首　補

補 金史張通古字樂之易州易縣人讀書

過目不忘該綜經史善屬文遼天慶二年

全金詩卷一

二

增註唐賢絶句三體詩法三卷

日本翻刻明應甲寅刻本

DC0774三册

宋周弼選，元釋圓至註，元裴庚增註。

周弼（1194—1255），字伯弜，祖籍汶陽。嘉定間進士，官江夏令。釋圓至（1256—1298），俗姓姚，字天隱，號牧潛，又號筠溪老衲，新昌縣人。裴庚，字季昌，號芸山，東嘉人。

書高28.8釐米，寬19.6釐米。版框高20.1釐米，寬18.1釐米。每半葉十行，行二十二字，小字雙行，字數同。有日文訓點。上下黑口，三花魚尾，四周雙邊。上魚尾下方記卷次，下魚尾上方記葉次。卷一後有陰文刊記題"明應甲寅之秋新板畢工矣先是舊刻之在/京師者散失于丁亥之乱以故捐貲行焉/置板扵萬年廣德云/葉巢子敬誌"，刊記後又鐫陽文刊記三行"此板流傳自京至泉南於是阿佐井野/宗禎贖以置之於家塾也欲印摺之輩/以待方來矣"。

卷一首葉第一行題"增註唐賢絶句三體詩法卷之一"，第二行題"汶陽周弼伯弜選"，第三行題"高安釋圓至天隱註"，第四行題"東嘉裴庚季昌增註"，第五行起正文。

書首有至大二年裴庚序，方回序，"唐三體詩註綱目"，唐輿圖五幅，至大二年裴庚咨目，"諸家集註唐詩三體家法諸例"，"唐世系紀年"，"三體集一百六十七人"。

書中有朱筆點校。

案語：裴庚註本自元代以後漸就散佚，中土傳本幾絶，賴此日本翻刻本得睹原貌。

増註唐賢絕句三體詩法卷之一

汶陽周弼伯弜選

高安釋圓至天隱註

東嘉斐庚季昌増註

實接

伯弜曰絕句之法大抵以第三句爲主以首尾牽直而無姿曲若此果時所及不及唐也其法非惟久失其傳人亦鮮能知之以實事寓意而接則轉換有力若斷而續外捥起而內不失於平妥前後相應雖止四句而涵蓄不盡之意爲此其昜不詳防求之坑味之久自當有所得

華清宮 驪山溫泉呂太宗所建玄宗天寶六載改

增註 華清宮在唐關內道京兆府昭應縣驪山下古驪戎國居於此故名○地理志太宗貞觀十八年營建御湯名湯泉宮高宗咸享二年名溫泉宮明皇天寶六年改

右長生殿也○華清宮又於其間起老君殿无朝元閣殿也

增註唐賢絕句三體詩法三卷

日本寬永十四年（1637）西田勝兵衛刻本
DC0775三册

　　宋周弼選，元釋圓至註，元裴庾增註，日本素隱略取。

　　書高28.4釐米，寬19.4釐米。版框高23釐米，寬17.1釐米。每半葉八行，行十八字，小字十七行，字數同，有日文訓點。上下黑口，雙花魚尾，四周雙邊。上魚尾下方記"三体"及類目、卷次，下魚尾上方記葉次。書末鎸識語，署"寬永十四年丁丑三月吉日/二條寺町西田勝兵衛尉開板"。

　　卷一首葉第一行題"增註唐賢絕句三體詩法卷之一"，第二行起"求名公校正咨目"及註文。第七葉第一行題"增註唐賢絕句三體詩法卷之一"，下為註文。第九葉第七行題"汶陽周弼伯弱選"，下為註文；第九葉背面第二行題"高安釋圓至天隱註"，下為註文；第六行題"東嘉裴庾季昌增註"，下為註文，第八行起正文。

　　書首有"三體詩集起"，"三體詩之題號"，"三體詩集之發題"，至大二年裴庾"三體家法序"，大德九年方回"至天隱注周伯弱三體詩序"，《漁隱叢話》一則，素隱識語。卷二之四卷末題"素隱鈔/于時元和八年壬戌仲夏丙申朔/草于湘南紫陽山下"。書末有跋。

　　案語：《三體詩》原卷一此本分為卷一至四，原卷二此本仍為卷二，復分四卷，原卷三此本仍為卷三，復分五卷，總十三卷。又，此書原分十三册，後合訂三厚册。

増註唐賢絶句三體詩法卷之一

求名公校正咨目

是ハ季昌カ此ノ詩集ヲ註ス
ルヨリ名アル人ノ御目ニカケテ若シ差誤アラバ校ヘ正
サセ玉ヘトノ義ゾ名アル人ノ御目ニカケテ若シ差誤アラバ校ヘ正
チノ才ハ名アル人ノ御目ニカケテ若シ差誤アラバ校ヘ正
メ御ナヲシナサレニタマヘヨト云ノ咨目ゾ咨ハ次ノ咨目ノ咨也
或ハ作ル話ス左ニ傳誂ニ於テ善ヲ爲ニ諮ルト戸アル木ト戸ハ戸ト
ヨムゾ此詩集ノ注ハコレ數アレイ數ト名ハ公ニドアフタル
子ト云義ゾ目ハ名ゾ子ト八公目ニ禄ト云意ゾ又係ノ
日ト云フ義ゾ此ノ文ハ文章ハ文字上戸ノ位ヲニ下段ニ
書タゾ文字ヲ關ス書シタゾ何モ文章ヲ書スルノ法ニ十
尽ベキゾ昔ハ啓札ヲ書ニ八引合一枚ニ竪封横封ゾ
イカニモ細ニ八ガケテ揚ノ丈字ヲ横封ノ第二位ヨリ書
元尊宿ヤ尊女ノ名ヲハ一字アケテ横封ノ第一位ニ
書シタゾ昔薩州並ニ内ノ長ノ老一鷗ト云フ人ガ封ヲモ
カヤスゾ只一段ニ啓札ヲ書ニ吾受業先師天瑞ニ
所表シタレハ無禮タリト云先師大ニ腹ヲ立セラレタゾ捻

增註唐賢絕句三體詩法三卷

日本承應二年至明曆三年(1653—1657)田原仁左衛門刻本
DC0776、DC0777四冊

宋周弼選,元釋圓至註,元裴庾增註。

書高27.7釐米,寬19.5釐米。版框高24.9釐米,寬18.1釐米。分兩欄。內欄每半葉七行,行十二字,小字雙行,行十五字。外欄每半葉十八行,行二十九字。有日文訓點。黑口,雙黑魚尾,四周雙邊。上魚尾下方記"三體詩"及類目、卷次,下魚尾下方記葉次。卷一下卷尾鐫"承應癸巳仲春吉二條鶴屋町田原仁左衛門梓行"。卷三書尾鐫"明曆三年仲春吉辰二條鶴屋町田原二左衛門新刊"。

卷一首葉第一行題"增注唐賢絕句三體詩法卷之一上",第二行題"汶陽周弼伯弜選",第三行題"高安釋圓至天隱註",第四行題"東嘉裴庾季昌增註",第五行起正文。

書首有至大二年裴庾序,方回序,"唐三體詩註綱目"。

存卷一上下、卷二上、卷三下。

書中鈐"大桶藏書"朱印。

○華清宮　文選第六左太冲魏都賦云溫泉毖涌而自浪蕩清邪而難

老列淵材註云溫水在廣平都易縣俗以治病洗百疾華清水井也曰延

濟註云毖泌也水急流貌言溫泉流而漏自為波浪言其華美而潔清可以

蕩滌疾病而延壽

○高宗名温泉盖取左太

冲魏都賦中語明皇又改

名華清亦取彼魏都賦中

語　泉煎郡人囚人

○註驪山　漢書高祖紀

三高祖以亭長爲縣送徒

驪山注云頴已在新豐南

項氏云故驪戎國也

○太宗　唐第二主諱世

民高祖次子号太宗文武

太聖大廣孝皇帝

○玄宗　唐第七主諱隆

基麿宗第三子也号至道

增註唐賢絕句三體詩法卷之一上

汝陽周弼伯弜　選

高安釋圓至天隱　註

東嘉裴庚季昌增註

實接

實接　伯弜曰絕句之法大抵以第三

句爲主首尾率直而無婉曲者

此異時所以不及唐也其法非惟久

失其傳人亦鮮能知之以實事寓意

而接則轉換有力若斷而續外振起

而內不失於平穩前後相應鐘止四

增註唐賢絕句三體詩法備考大成十九卷

日本延寶三年（1675）吉田四郎右衛門刻本
DC0778二十册

　　宋周弼選，元釋圓至註，元裴庾增註，日本熊谷立閑編輯。

　　書高27.2釐米，寬19.5釐米。版框高21.7釐米，寬17.1釐米。每半葉十行，行二十字，小字雙行，字數同。黑口，雙黑魚尾，四周雙邊。上魚尾下方記“三體詩備考”及類目、卷次，下魚尾上方記葉次。書衣書籤題“三體詩備考大成”。書末鐫“延寶三乙卯年五月中旬/雒陽中御門通椹木町/吉田四郎右衛門雕板”。

　　卷一首葉第一行題“增註唐賢絕句三體詩法備考大成卷之一”，第二行題“雒濱後學荔齊熊谷立閑編輯”，第三行起正文。

　　書首有寬文十二年雪松道人“三體詩備考大成序”，“唐三體詩註綱目”，唐輿圖五幅，至大二年咨目，“諸家集註唐詩三體家法諸例”，“唐世系紀年”，“三體詩備考前序”，後序。書末有延寶乙卯釋如寶跋，荔齋熊谷立閑散人跋。計：絕句七卷，七言律詩六卷，五言律詩六卷，共十九卷。

　　書中鈐“英氏田大阿任御直山”墨印。

增註唐賢絕句三體詩法備考大成卷之一

雒滋後學荔齊熊谷立閑編輯

古通道

唐賢

德者謂之聖賢故以能作詩者稱賢人此集中
全無李杜之詩者唐朝詩家之冠冕也

增註

註為增註李昌祺註亦添李昌
愚按指此集中一百六十八人之作者九十

賢愚鈔云後人雕梓天隱本註添天隱註為增註

絕句

有三義一曰截絕也截斷八句取前四句則
後對詩也取後四句則前對詩也取中四句則
前後對詩也取首尾四句則起業轉合詩也二曰
絕妙之義四句之中含不盡之意故妙絕也三曰
四句絕句詩云兩箇黃
鸝鳴翠柳一行白鷺上青天窻含西嶺千秋雪門
泊東吳萬里船此一絕也○翰墨全
書甲集一絕體下云杜子美集有絕句太抵句意
雖聯唐與本朝五七言最為精絕而意
緊絕者為絕句故杜集中以此類推自
亦絕者為絕句故杜集中以此類推且題且絕句有

補註文章軌範校本七卷

日本明治十年(1877)刻本

DC0795二册

　　宋謝枋得撰,日本海保元備補註。

　　書高23.1釐米,寬15.6釐米。版框高19.4釐米,寬13.7釐米。兩截版。下欄每半葉十行,行十八字,小字雙行,字數同。上欄每半葉十六行,行十一字。白口,四周單邊。版心上記"補註文章軌範校本",中記卷次,下方記葉次,版心下刻"萬青堂藏"。書衣籤題"補註文章軌範校本",下小字題"海保元備補註"。書末有明治十年刊記。

　　卷三首葉第一行題"補註文章軌範校本卷之三",第二行題"宋廣信謝枋得編次",第三行題"日本上總海保元備補注",第四行題"門人東京島田重禮校補",第五行起正文。

　　存卷三至七。

　　書中鈐"今井氏藏書"朱印。

抑揚漢晉人以音調言蔡邕
〔蔡〕賦左手抑揚右手㩉回又
云繁絃既抑雅韻乃揚是也
後世專以文勢言柳子厚抑
之欲其奧揚之欲其明是也
〔頓挫〕後漢書鄭孔荀傳贊此
海天逸音情頓挫注猶抑
抑揚也又陸機文賦注猶抑
折也詳見漁村文話
程文宋熙寧四年始以經義
取士呂祖謙編文鑑特錄張
才叔文一篇以為程式元王
充耘作書義矜式即所業之
經篇摘數顯各為程文以示
標準清人有程墨
燕老泉△宋史蘇洵字明允

補注文章軌範校本　卷三　一　萬青堂藏

補註文章軌範校本卷之三 〔將字集〕

宋　廣信　謝枋得　編次

日本　上總　海保元備　補注

門人　東京　島田重禮　校補

小心文

議論精明而斷制,文勢圓活而婉曲,有三抑揚,有頓挫,有擒縱,塲屋程文論,當用此樣文法,先暗記侯王兩集,下筆無滯礙,便當讀此,

管仲論　　蘇老泉

管仲相威公,霸諸侯,攘戎狄,終其身齊國富強,諸侯不敢叛管仲死豎刁易牙開方用威公薨

瀛奎律髓四十九卷

日本刻本

DC0828一函七册

元方回輯。

書高27.5釐米，寬19釐米。版框高20.3釐米，寬14.9釐米。無行欄。每半葉九行，行二十一字，小字雙行，字數同，字旁有日文訓讀。上下黑口，雙花魚尾，四周雙邊。上魚尾下記"律髓"及卷次，下魚尾上方記葉次。

卷一首葉第一行題"瀛奎律髓卷之一"，第二行起正文。

書首有至元癸未方回"瀛奎律序"，序文背面牌記鑴"成化三年仲春吉/日紫陽書院刊行"，"瀛奎律髓目録"。書末有成化三年皆春居士跋，成化十一年尹孝孫跋，跋末二行題"寬文拾一年辛亥正月吉日/村上平樂寺行板"。

書根墨題"律髓"及卷次起止。書中鈐"阿波國毛利氏藏書記"朱印。

瀛奎律髓卷之一

登覽類　五言二十首　七言二十首

登高能賦於褅譏之名山大川絶景極目能言
者衆矣拔其尤者以充舊永且以爲諸詩之冠

陳子昻

度荆門望楚

遙遙去巫峽、望望下章臺。巴國山川盡、荆門煙霧開。城
分蒼野外、樹斷白雲隈。今日狂歌客、誰知入楚來。

陳拾遺子昻唐之詩ノ祖也。不ㇾ但感遇詩三十八
首爲二古体之祖一、其律詩亦近二体之祖一也。白帝峴
山二首極ㇾ佳、已入二懷古類一。今揭二此一一詩爲二諸選一
之冠、陳ヲ于昻。杜審言宋之問沈佺期俱同ㇾ時而

增删濂洛風雅五卷

朝鮮刻本

DC0818二册

元金履祥記録,元唐良瑞編類。

金履祥(1232—1303),字吉父,號仁山,蘭溪人。

書高26.6釐米,寬17.8釐米。版框高19釐米,寬14.5釐米。每半葉十行,行二十字,小字雙行,字數同。白口,單花魚尾,四周單邊。魚尾下方記 "濂洛" 及卷次,版心下方記葉次。目録背面鐫 "歲在丙辰/開刊"。卷五尾題下鐫 "田以采梓"。

卷一首葉第一行題 "增删濂洛風雅卷之一",第二行題 "後學仁山金履祥吉甫記録",第三行題 "後學石泉唐良瑞進之編類",第四行起正文。

書首有 "增删濂洛風雅目録",元貞二年唐良瑞 "濂洛風雅序",弘治庚申潘府 "濂洛風雅重刊序",崇禎五十一年戊午朴世采 "濂洛風雅增删序"。

書中鈐 "讀杜草堂"、"大倉文化財團藏書" 朱印。

案語:書經日人重裝為四眼線裝。

增刪濂洛風雅卷之一

後學仁山金履祥吉甫記錄

後學石泉唐良瑞進之編類

古體

拙賦

濂溪先生周元公 敦頤茂叔

或謂予曰人謂子拙予曰巧竊所
恥也且患世多巧也吉吉而賦之

巧者言拙者默巧者勞拙者逸巧者賊拙者德巧者
凶拙者吉嗚呼天下拙刑政撤上順下安風清弊絕

顏樂亭詩

明道先生程淳公 顥伯淳

天之生民是為物則非學非師孰覺孰識聖賢之分